María Mercedes Di Benedetto

HISTORIA del RADIOTEATRO NACIONAL

Serendipidad

Di Benedetto, María Mercedes
    Historia del radioteatro nacional / María Mercedes Di Benedetto ; prólogo de Carlos Ulanovsky. - 1a ed . - Ciudad Autónoma de Buenos Aires : Serendipidad, 2020.
    224 p. ; 23 x 16 cm.

    ISBN 978-987-9332-94-8

    1. Radioteatro. 2. Teatro Argentino. I. Ulanovsky, Carlos, prolog. II. Título.
    CDD 792.022

Diagramación: Cecilia Campos

Fotografías de tapa:

- *La actriz y locutora Rudiel Wilde con el cantor y actor Domingo Conte. Radio Del Pueblo, 1954.*

- *Elenco radioteatral Damas y Corazones, que debutó en LR8 Radio París. Foto Revista Sintonía (archivo de la autora) Circa 1935.*

"Junto a la radio, en la oscuridad de un comedor, en el calor de la tarde, imaginando, construyendo el mundo de lo que pasa, el oyente participa. El radioteatro promueve fantasmas, permite creer; el oyente escucha unos pasos, una voz... e imagina... se imagina quizás a sí mismo, con un traje de fiesta bajando una escalera, escucha una puerta que se cierra y un motor y ve el auto que avanza... El radioteatro es una fábrica de ensueños".

Susy Kent, actriz[1*]

1*- En "Señoras y Señores... la radio está en el aire", de Enrique Bravo, Premio Fomento del Fondo Nacional de las Artes 1996

DEDICATORIAS
Y AGRADECIMIENTOS:

A Carlos, Melina y Minerva, por el amor incondicional y el aliento a cada uno de mis sueños.

A todos los nombres y vidas que no están en este libro, pero que dejaron en un micrófono, una consola o una máquina de escribir miles de historias bordadas con amor desde la creación de la radio.

A Carlos Ulanovsky, por su siempre amable predisposición y por el prólogo que encabeza este volumen.

A Emilio Comte, Florencia Ibáñez, Kiki Peña, Quique Pesoa, Rubén Stella y Guillermo Stronati por su amor al género y por las oportunidades que me brindaron.

A Fernando San Martín, Héctor Benedetti, Gustavo Terreni y otros tantos seres ilustrados a los que importuné sistemáticamente durante esta investigación pidiendo datos, fechas, edición de audios y demás yerbas.

A Pedro Patzer, por su apoyo a la ficción radial en general y a mis radioteatros en particular.

Y a Inés Mariscal, compañera de confesiones cada jueves al mediodía, sin entender aún cómo una mujer tan sobria y metódica pudo cometer el desatino de marcharse justo cuando su amada radio cumple 100 años. Por nuestra amistad y porque sospecho que su aura inolvidable tuvo mucho que ver en la edición de este libro.

ÍNDICE

PRÓLOGO

MARÍA MERCEDES DI BENEDETTO, UNA VOZ QUE FALTABA EN LOS RADIOTEATROS

Carlos Ulanovsky*

Recorrer la historia del radioteatro es también asomarse a la historia del país, al menos desde el inicio de sus décadas más celebradas, las del treinta, cuarenta y cincuenta. Este excelente trabajo prueba que lo que digo no es una exageración.

Las ficciones disparadas desde el micrófono le dieron espacio a los criollos y a los inmigrantes, a pobres y a ricos, a profesionales y a trabajadores, a hombres, mujeres y niños. Un recorte de esta sociedad, afortunadamente variopinta, estuvo siempre presente en estos relatos de amor y de traiciones, de sangre y prosapia barrial, de gauchos y de doctores, de ciudad y de folklore, de centros y de arrabales.

El radioteatro se nutrió de muchas grandes figuras del teatro y de la ópera, creció paralelo a la instalación del cine sonoro y fue inmerecidamente ninguneado por la televisión, aunque en sus largos años de grandeza se hizo escuchar en todo el país.

Pero más que a la pantalla chica, la inmolación de los radioteatros debe achacársele a un contador que como funcionario resultó un gran impedidor. Con su manía de borrar, liquidó a las orquestas, a los elencos estables y a otros reductos de ensoñación en las radios estatales de entonces. Sin bajar línea, María Mercedes Di Benedetto explica aquella progresiva y dolorosa eliminación como lo que es: cualquier elección (o en este caso, desaparición) es también política.

Con testimonios directos y con abundante búsqueda documental y bibliográfica, nos acerca en este libro los matices y los extremos de la especialidad, como la necesaria interacción de buenos (buenísimos) y de malos (malísimos), la presencia de heroínas y de villanos, de madres que ofrendaban todo (hasta su existencia) por proteger a un hijo y de hijos que eran capaces de pegarle a su madre. No solo es un libro utilísimo para seguir la evolución, el auge, la decadencia y la caída del género, sino que resulta imperdible el tramo en que la autora cuenta, década por década, aquellos momentos y episodios insoslayables de esta forma única de teatro hablado y que tanto compromete fantasías y sentimientos de los oyentes. Ella ama el radioteatro y ha honrado ese afecto con este libro singular.

Y es singular desde el hecho de que cuando ella nació apenas se iniciaba la declinación del formato. Vale imaginar que se trata de un acercamiento concretado a puro apasionamiento, desde Quilmes al mundo.

Bibliotecaria, docente de lengua y de literatura, guionista de radio y televisión recibida en el Instituto Superior de Enseñanza Radiofónica (ISER), María Mercedes Di Benedetto aborda con minuciosidad de entomóloga y curiosidad de cronista juvenil ese mundo fabuloso que fue la radio-espectáculo de 1935 a 1960 y, en ese marco, la evolución de esos espacios que, parafraseando al maestro Alberto Migré, permitían imaginar, aunque se estuviera haciendo otra cosa a la par de escucharlos, y alcanzar la fantasía del ideal romántico, aunque en la vida real resultara imposible replicar lo que sucedía en la ficción. Esta es una investigación exhaustiva, seria y generosa que merece la máxima difusión y llegada al lector.

*Periodista y escritor

PREFACIO

Que el radioteatro y las ficciones radiales no solo no están muertos sino que dan esperanzadoras señales de vida puede corroborarse en la increíble demanda de textos e información que circula por el ciberespacio. Cientos y cientos de grupos, elencos, docentes y personas en general saben o intuyen el placer que el radioteatro puede brindar y la función social que todavía está en condiciones de ofrecer a los oyentes.

Nora Massi, directora del teatro radiofónico Las Dos Carátulas, afirma: "Mirar para atrás con una especie de melancolía no es bueno. Pero mirar hacia atrás para recoger todo lo bueno que se ha hecho, eso sí, es una tarea pendiente." Ésta, precisamente, es la ilusión de este libro: un repaso de las décadas triunfales del género, para que las generaciones pasadas recuerden y las nuevas conozcan.

La patria del radioteatro, ese bien perdido que muchísimos oyentes ignoran que perdieron (acostumbrados desde la cuna solo a las noticias y los rankings musicales) está plantada como una semilla en algún lugar del futuro para que podamos recuperar las voces y las historias, recuperarlas, reinventarlas y disfrutar de los inacabables mundos que encierra la ficción radial.

¿Habrá llegado la hora de construir y reflejar nuestra identidad y nuestras emociones a través de un medio que es mucho más masivo que el teatro, mucho más módico que el cine y mucho más sugerente que la pantalla televisiva? En Congresos europeos sobre producción radial, diferentes personalidades del medio afirmaron que en este nuevo ecosistema radiofónico las ficciones para escuchar, ya adaptadas al desarrollo tecnológico, vivirán una 2da. Edad de Oro, atraerán a los jóvenes del siglo XXI y revitalizarán la creatividad radial silenciada durante décadas.

Brindemos por ello,

la autora.

I

LA CEREMONIA DE ESCUCHAR

*"Cuando se inventó la radiofonía,
una de las más hermosas definiciones que
escuché fue la de que, a partir de ese momento,
el hombre estuvo menos solo."*

Alberto Migré, en "Soy como de la familia"

Casi al final de la recolección de testimonios caí en la cuenta de que la gran mayoría de los entrevistados evocaba, más que a autores, fechas o apellidos, el cotidiano ritual de no perderse ningún episodio, y que ese recuerdo aún se les aparecía nítido y minucioso, como ocurrido ayer nomás, aunque hubiesen transcurrido 80 años. A esa mística de oír el radioteatro en soledad o en familia, haciendo de ese momento un diario e íntimo enlace con la emoción y la fantasía, está dedicado este capítulo.

Ernesto Goldar, en su historia de la década del 50, presenta a la radio como el centro emisor al que todos atienden y respetan. Ese *centro emisor* está ubicado estratégicamente en la cocina, sobre una mesa, en una repisa o en un banquito. En las noches de invierno se la lleva junto a la cama, en el verano se la saca al patio y en las fiestas de fin de año sale a la vereda a meter sonido en los bailes que se organizan espontáneamente en las calles de barrios populares.

Es la gran compañera de las mujeres cuando planchan, hacen y remiendan ropa; de las amigas y las vecinas que se reúnen inexorablemente a escuchar la novela, y de los chicos que esperan Tarzán o Sandokán.

Para el comienzo de la década del 30 y gracias al ciclo de la Compañía *Chispazos de Tradición*, se venden más y más aparatos de radio y los que no pueden comprarlos van a casa de sus vecinos para escuchar. Por aquellos tiempos el enorme gasto de cuarenta o cincuenta pesos (el costo de esos mágicos mueblecitos) excedía el presupuesto de los humildes, pero nadie quería quedar fuera del milagro. Esas voces eran como una fiesta cotidiana para el alma de la gente, que seguía la historia con unción religiosa.

Ir a presenciar un espectáculo radial significaba una salida familiar para la que todos se vestían con las mejores galas. Hacían cola para ingresar al salón auditorio, o se amontonaban para simplemente rozar las ropas de la primera actriz, antes de que *ellos* pudieran conseguir un autógrafo del capo cómico, y *ellas* recibir una mirada del galán que las derritiera para siempre.

Las afamadas tiendas La Piedad, Harrods y Gath&Chaves, viendo a las claras que sus ventas habían descendido por las tardes, encontraron la solución instalando parlantes conectados al aparato de radio, a través de los cuales la clientela podía escuchar las novelas de turno, haciendo simultáneamente sus compras. Y santo remedio.

La radio —nos dice el Diccionario de Teatro de P. Pavis— *redescubre una fuente intimista, casi religiosa, de la palabra. El oyente se encuentra en una situación de escucha próxima al semisueño fantasmagórico. Su cuerpo se*

*desmaterializa y recibe el eco amplificado de sus ensoña-
ciones y de sus pulsiones.*

De pronto, la fantasía se erige en dueña y señora de los hogares, aún de aquellos menos afortunados socialmente. En las cocinas, en las fábricas, los trenes , los comercios, el tema es uno solo: la intriga frente al próximo capítulo, la tragedia de la damita joven, la seducción de la voz varonil, la gracia oportuna del cómico, la malevolencia del villano, cuyo rencor nunca descansa. Desde un aparato a transistores, a válvulas o a galena, comprado en cuotas o prestado, la memoria de los entrevistados nos abre las puertas de aquellos hogares y nos pasea por la puntual ceremonia de escuchar la radio.

Sobre esta *ceremonia de escuchar* no hay bibliografía ni citas académicas que valgan. Únicamente el registro de aquellos que vivieron la experiencia y la volcaron en sus testimonios:

"La primera relación que yo establezco con la radio —absolutamente la primera— es el radioteatro. La ficción radial es un elemento clave de mi vida, de mi historia. Yo tenía 7 u 8 años y recuerdo escuchar el radioteatro de Juan Carlos Chiappe por radio Porteña en la Hitachi de mi abuela, en la siesta, a partir de las 15 hs.

A mí me alucinaba toda esa película respecto de la radio, el cómo podían estar esos personajes metidos ahí, dentro del aparato. Mi abuela era muy seguidora del radioteatro y los de Chiappe eran ampulosos, sensacionalistas, ya entonces con muy buenos efectos de sonido. Los temas eran la problemática gauchesca, los conflictos familiares, por ahí no recuerdo los nombres de los actores pero sí las voces.

Sinceramente mi primera referenciación con la radio fueron los radioteatros de Chiappe en las tardes de Porteña: mi abuela se dormía y el que en verdad seguía escuchando era yo. Ahí decidí que quería ser locutor; en la adolescencia vino la vocación, pero mucho antes el radioteatro me marcó el gusto por la radio. Mi futuro profesional surge de esta relación con un aparato del cual salían voces y sonidos." (Eduardo Aliverti)

"Estoy hablando del '30, más o menos, porque yo tendría unos doce o trece años. Nosotros no teníamos radio. Por suerte los de al lado sí tenían y se escuchaba desde nuestra casa...Entonces Dorita, mi hermana, cinco años más chica , mi hermano Eduardo y yo poníamos una escalera apoyada contra la medianera. La primera que me subía era yo, y así todos los días escuchábamos *Chispazos de Tradición*. De grande seguí *Estampas Porteñas*, donde estaba Chimbela. (Brenilda, 98)

"Recuerdo que el Nono tenía todavía una radio de las viejas, capilla, arriba de una mesa chiquita. Yo era pibe, y él escuchaba el radioteatro. Callado, se acomodaba la gorra y se sentaba al lado del aparato. En el cajoncito de la mesa guardaba las pipas y el tabaco. Como un ritual encendía la pipa y la radio, y se abstraía escuchando el capítulo, todos los días, a la misma hora." (Carlos, 60)

"Estaba prohibido hablar. Se tomaba mate en rueda, se escuchaba lo que iba sucediendo y se esperaba el desenlace. Nosotros vivíamos en Villa Domínico y teníamos una cocina económica. En invierno, al calorcito, escuchábamos a César Llanos que hacía de *Tarzán*, a las 18 hs. Oscar Rovito era *Tarzanito*, y la que hacía de *Juana* era Mabel Landó. Salía por Splendid, con propaganda de Toddy. Nos quedábamos horas, porque venía todo enganchado: *Tarzán, Búfalo Bill* a las 18.30 y más tarde mamá escuchaba *Qué pareja Rinso..berbia!* con Héctor Maselli y Blanquita Santos, que eran graciosísimos. De ocho menos cuarto a ocho había una serie policial: *Peter Fox...lo sabía,* y después, el programa de tango con De Angelis." (Aldo, 64)

" Me acuerdo de que mamá seguía *La Máscara Humana,* supongo que por el año 34, 35. Se posesionaba escuchando. Y de golpe venía papá y le gritaba ¡Cuidado, cuidado, que ahora es cuando lo matan al hombre! Entonces mi mamá se enojaba porque papá interrumpía y le hacía perder parte de la novela. No puedo repetirte los improperios que le decía..." (María Mercedes, 80)

"Sería el año (19)38. Teníamos una radio grande, de esas redondas, capilla. Era de mi papá. Yo quería escuchar una cosa y mi hermano me pasaba el dial de aquí para allá y siempre terminábamos peleando. Cuando estaba con mi novio que venía a casa y queríamos escuchar la audición juntos, mi hermanito hacía lo mismo —viste los hermanos menores cómo joroban— giraba el dial, lo giraba hasta que al final nos cansábamos..." (Aída, 77)

"Era lo único que había, la radio. A las ocho o nueve de la noche ya te tenías que ir a dormir. Escuchabas la radio y después, a la cama. En la casa de mis tíos recuerdo que en ese tiempo se reunían a escuchar en la cocina, con piso de tierra, la pava ahí para tomar mate; era una cocina económica, marca Istilart." (Juan Pedro, 80)

"Don Domingo tenía una cocina de tierra donde convocaba a vagos y bohemios. Convidaba con mate, cerveza o vino. Durante el transcurso de la Segunda Guerra Mundial en su cenáculo se seguía la contienda por radio. Severos especialistas, Don Domingo y sus invitados expresaban sus dictámenes mientras escuchaban las últimas noticias, dibujando con un palito en el suelo los mapas de Europa." (Carlos, 60)

"Me acuerdo de mis hermanas golpeando frenéticamente la radio capilla, que entre silbidos y estertores les impedía escuchar la novela de las cuatro. Cuando se cortaba la recepción, había que preguntarle a la vecina cómo había terminado el capítulo. A los menores se nos permitía escuchar *Tarzán*, *El Sabueso de los Baskerville* y *Sandokán, el Tigre de la Malasia*. Me acuerdo del día en que mamá trajo la nueva radio, una Philips comprada a plazos. Viajábamos en alas de la radio por lugares desconocidos, a los cuales nuestra fantasía agregaba colores y formas." (Nélida, 81)

"En la fábrica yo era *maestra de continua*, y siempre me costaba poner orden, porque las tejedoras hablaban y comentaban siempre el capítulo anterior de Los Pérez García, o de Chispazos de Tradición, o de otras novelas, y armaban tanto alboroto que yo tenía miedo de que viniera el capataz y me suspendiera a mí". (Emilse, 72)

"A los cinco años escuchabas radio y no hacías otra cosa. Tu mamá tejía y vos escuchabas la radio. Tu viejo cantaba La Internacional y vos… vos escuchabas la radio. Se peleaban tus padres y vos escuchabas la radio. Tu vieja hacía los ravioles y vos escuchabas la radio. Siempre la radio estaba ahí. Cada dos minutos te ponían un radioteatro. Y vos escuchabas, escuchabas. Siempre escuchabas." (Plácido Donato)

II

LOS TEMAS DEL RADIOTEATRO

"Vivían todos juntos y vivían peleándose, pero cuando se ponía la mesa, se ponía para todos"

(Elina Fresi, 86, acerca de las familias
de los radioteatros)

La madre, el amor, el gaucho, las mujeres y la vida cotidiana —menuda y barrial— fueron algunos de los ejes temáticos más recurrentes.

Las historias del gauchaje, derivadas de la pluma de Héctor Pedro Blomberg y otros escritores del mismo estilo, van dejando paso con el tiempo a las de los arrabales porteños, con sus conventillos y pensiones.

Para los años cuarenta se produce un cambio, y aparecen las adaptaciones, las versiones de películas y de las grandes novelas universales, las vidas de personalidades torturadas y sufridas, con heroínas de todo tipo (María Antonieta, Cumbres Borrascosas, etc.). El melodrama se instala en su trono de lágrimas y surge la anécdota tan conocida de "hay que pegarle al paralítico" (o al mudo, según la fuente), es decir, hay que explotar el morbo del oyente cuando vemos que (en un antecedente claro de la feroz lucha por el rating) estamos perdiendo público y se corre el riesgo de perder también avisadores.

Se sitúan las historias en locaciones exóticas, especiales (del tipo "*El hijo del Sheik*") en las que los camellos o fieras peligrosas reemplazan al fiel caballo campero de otrora.

Según confirma Mabel Loisi, la historia de la madre soltera impactaba. *Las mujeres venían al camarín trayendo medallitas, cadenitas, estampitas, huevos, y me decían que "mi" historia era igual a la de ellas.* Y continúa la actriz y autora: "*en el primer capitulo el galán seduce a la chica y esa mujer que deja de ser virgen, queda embarazada y tiene un hijo y lo paga toda su vida*".

La comedia de las décadas del 40 y 50 tuvo rasgos definidamente porteños. Los conventillos, con su cocoliche y sus diversas colectividades, dieron paso a las pensiones, más discretas, pero siempre ricas en personajes y estereotipos: el padre recto y ejemplar; la joven hija tentada por el lujo fácil; el hijo varón, adolescente eterno; la barra de los amigos, el politiquero especulador... Muchos de estos tipos humanos (detalles más, detalles menos) deambulan todavía por nuestras calles, y son parte del folklore urbano.

Un rubro aparte en cuanto a temas se refiere lo conforman las *familias argentinas,* una figurita muy conocida en el álbum de las preferencias populares. La de *Pancha Rolón* en los 30, la de *Los Pérez García* y la de *Rampullet* en los 40, la de todas las versiones de *Así es la Vida,* las que finalmente derivaron en los Campanelli y los Benvenuto televisivos, para no continuar con los ejemplos. En estas familias siempre existen hijos que son un tiro al aire, pero que tienen comprado de por vida el favor de sus sufridas madres —que siempre los apañan—, e hijas puras y virginales con sus consabidos pretendientes vigilados por la desconfianza paterna. Habrá un cuñado turbio, típico ejemplar de nuestra viveza criolla, vecinos solidarios y pequeños enredos que acabarán solucionados en los últimos minutos del capítulo. Los Pérez García, defendidos por su autor (*quieren vivir en un mundo mejor y en paz*) y denostados por quienes aseguran que si bien lo desean, no hacen nada por transformar las desigualdades de la realidad que los circunda, fueron sin embargo durante veinte años el pretendido espejo en donde todos los argentinos buscaban mirarse, y encontrarse.

LAS GRANDES HISTORIAS DE LA REIVINDICACIÓN SOCIAL

De todo el espectro de temas abarcados por la ficción radial, dos hay que sobresalen por su fuerza arquetípica: las historias que responden al esquema de La Cenicienta (joven humilde gana el amor de muchacho adinerado) y los argumentos que muestran héroes perseguidos injustamente. El maltrato al que ambos son reiteradamente sometidos por villanos detentadores de algún tipo de poder (físico, económico, político, etc.) y el infaltable final feliz que vendrá a revertir su martirio se conjugan para convertirlos en preferidos de la audiencia.

EL HÉROE VENGADOR

Las historias gauchescas como las representadas por *Chispazos de Tradición*, con sus personajes de comedia al estilo Churrinche, devienen en verdaderos dramas en los que se retoma la vida del campo pero desde la óptica del héroe perseguido injustamente, que lucha para recuperar la felicidad y la dignidad perdidas.

Esta temática tuvo su legión de seguidores, quizá porque ese viejo cuento del héroe que triunfa frente a la adversidad siempre permite que el hombre común se libere, al menos por un rato, de sus desgracias personales. Los bandidos rurales como Bairoletto, Mate Cosido o Juan Moreira nacieron de algún modo para expresar los sueños populares de justicia y de equidad. La lucha de Juan Moreira es la lucha diaria de cada uno de los oyentes, y cada familia, atenta, espera con el corazón en vilo ese final feliz que la reconcilie con la vida.

Perseguido, humillado, transformado por las circunstancias en alguien que no quiere ser, despliega su coraje individual y despierta la solidaridad de sus pares, que lo albergan y lo ocultan porque proyectan en su figura sus mismas humillaciones y carencias y depositan en él su casi única oportunidad de redención y revancha. Una suerte de Robin Hood criollo, como lo son el gauchito Antonio Gil, Vicente Gauna, Isidro Velázquez y Hormiga Negra (de Nicolás Olivari) condenado por un crimen que no había cometido.

En 1941 la Compañía de Pedro Tocci (a la vez en el papel protagónico) transmite la versión radiofónica de Juan Moreira por Radio Argentina. Es autor del libreto el poeta Héctor Blomberg y se logra un éxito memorable.

Pedro Orgambide, en un artículo publicado en la revista de Argentores del año 1969, aporta su conocimiento sobre el tema: *"Nuestro humilde Moreira cambió de nombre y de rostro en incontables versiones. Cumplió así con uno de los caracteres clásicos del mito: el arquetipo. Todo gaucho cimarrón cultor de la justicia, enfrentado al poder y la maldad del villano, es Juan Moreira.*"

Testimonio del actor Rubén Stella:

"Como yo vivía en Liniers, de chico insistí enormemente en que me llevaran al cine "Lugano" de Lugano, para ver el Juan Moreira hecho por la compañía de Héctor Bates, a quien yo seguía por radio. Años después, ya actor, debuté en teatro en un elenco con Alfredo Alcón y Rodolfo Bebán. Y un día llego para tomar un café antes de empezar la función y me lo encuentro a Bebán en la puerta del teatro Blanca Podestá. Estaba con un señor muy elegante, rubio, no muy alto, ancho, un señor muy bien plantado para sus setenta y pico de años y cuando me acerco Rodolfo me dice —"te quiero presentar a Héctor Miranda". Y a mí se me cayó la mandíbula, porque era el actor principal de Héctor Bates. Era la compañía de Héctor Bates con su primer actor Héctor Miranda. ¡Era Juan Moreira, el hombre que había visto matar en el cine Lugano de Lugano!

MÁS DE 300 AÑOS PERDIENDO EL ZAPATITO

Proveniente de la tradición oral o de su propia imaginación, el escritor Charles Perrault creó en 1697 *La Cenicienta*, muchacha humilde y servicial torturada por la crueldad de unas parientas impuestas por el destino. Trescientos años después, como un primer ser vivo que se ha ido diversificando, el arquetipo de la heroína sigue en el imaginario popular —y sobre todo en el femenino— pidiendo una reparación, exigiendo justicia a través del amor, perdiendo un zapato para ganar la felicidad.

Condenada a la indigna labor de limpiar día tras día las cenizas del hogar, tiznada por la propia materia de su quehacer, La Cenicienta carece de todo, incluso hasta de nombre propio, fundida su identidad en la gris rutina (cenicienta rutina) de ese *fatum* aparentemente inalterable.

Este personaje de Heroína–Víctima presenta la condición de estar privado de identidad y se nos aparece rebajado y humillado: el final feliz acerca mucho más el melodrama al cuento de hadas.

Si históricamente fue casi imposible que el individuo nacido en un estrato social desposeído pudiera saltar a una casta "superior", el arquetipo de La Cenicienta todavía hoy nos permite soñar con el ideal de una sociedad utópica sin clases. La unión entre estos dos seres (chica pobre – chico rico) sirve para cristalizar la integración de los opuestos en un medio donde los conflictos culturales y sociales han sido milagrosamente reconciliados.

En sus fantasías —en la fantasía de cada oyente de radio— , la heroína pide un caballero que venga a rescatarla de su torre en un caballo blanco y blandiendo una espada. El príncipe azul, convertido en los radioteatros en aristócrata o al menos en el apuesto hijo de una familia acaudalada, es todo un ejemplo de autoconfianza: posee bienes, salud, masculinidad, es el heredero de un legado patriarcal.

El historiador Arnold Hauser [1] opina que el melodrama es un género funcional al sistema: *"ningún daño moral causado por el cine puede ser tan dañino como la mentira vital a la que arrastran con su destino romántico los personajes mismos, una mentira que parece liberar a los espectadores de la propia y prosaica existencia"*.

En otras palabras: los sectores menos afortunados *necesitan* consumir historias en las que la gente pasa sencillamente de un estrato social a otro. A estas clases, el cine (en este caso, el radioteatro) proporciona con su ilusionismo el cumplimiento del *romanticismo social* que, por supuesto, la vida real casi nunca comprueba.

Will Hays, antaño "zar del cine", incluyó en sus orientaciones para la industria cinematográfica norteamericana la consigna de "mostrar la vida de las clases superiores", conocedor de que la aspiración al progreso socioeconómico surge de la ideología dominante, y es apropiada por la conciencia popular del oprimido.

Así, esta recuperación de la dignidad y la identidad por parte de la víctima en el melodrama se produce "maravillosamente", ya no por la toma de conciencia y las luchas sociales, sino por obra de un contenido trivial pero sumamente efectista. Recurso fácil típico de la estética kitsch del melodrama (y presente en toda su historia) juzgado siempre como pueril por la crítica sesuda.

Las clases bajas saben muy a su pesar que la realidad no está hecha de la misma madera que los estudios de Hollywood, y que existe un destino social del que es muy

---

1- Hauser, Arnold. *"Bajo el signo del cine"* en: Historia Social de la Literatura y del Arte, Tomo III, Guadarrama, España, 1980.

difícil escapar naturalmente. Ese destino trágico se emparenta dolorosamente con aquel designio de los dioses griegos, aquel *fatum* inexorable.

El tópico de la Cenicienta, trasladado a la sociedad de los comienzos del radioteatro, subraya el poder masculino a través del manejo económico; la heroína pareciera encontrar su razón de ser y su realización únicamente a través de la unión con el hombre elegido, sin otra aspiración que servirle o agradarle.

LA FANTASIA SIEMPRE VERDE DEL PUEBLO

"Se crió Ignacio recibiendo la tradición de la vieja poesía popular en los cantos infantiles, en los pliegos de cordel[2] que compraba al ciego de la Plaza del Mercado. Eran el sedimento poético de los siglos, que después de haber nutrido los cantos y relatos que han consolado de la vida a tantas generaciones, rodando de boca en oído y de oído en boca, contados al amor de la lumbre, viven, por misterio de los ciegos callejeros, en la fantasía, siempre verde, del pueblo"[3]

Estas historias reparadoras, que vienen a desagraviar la historia personal y de clase de los oyentes, nos han enseñado con su resistencia y su permanencia su capacidad para

---

2- La literatura de cordel es un género popular hecho en verso y de origen tanto escrito como oral. Recibe tal nombre por haber sido distribuida en los llamados 'pliegos de cordel', cuadernillos impresos sin encuadernar y exhibidos para su venta en tendederos de cuerdas.
3- MIGUEL DE UNAMUNO, de su novela *Paz en la guerra*, 1897.

adaptarse a las transformaciones sociales y culturales. En definitiva, la mayoría de los radioteatros no son otra cosa que cuentos de hadas actualizados. Y cuando uno habla de cuentos de hadas, piensa en la niñez. Se tiene entonces la imagen de la mamá o la abuela contando una y mil veces el mismo cuento a un auditorio que escucha fascinado a pesar de conocer sobradamente la historia.

El cuento de hadas viaja del corazón a la palabra, y de la palabra al corazón. Despierta imágenes e incrementa la capacidad de abstracción.

Revelador de arquetipos enclavados en la profundidad de una imaginación rica y sabia, funciona como un poderoso catalizador de emociones, y es capaz por sí solo de invocar el sueño, de calmar, de provocar un movimiento interno terapéutico y consolador.

Con la inocencia del niño ante las láminas ilustradas del cuento de La Cenicienta, los adultos continuaron deleitándose gustosamente con el sueño de la reivindicación social y amorosa, garantizando un lugar de permanencia para la ficción radial *en la fantasía siempre verde del pueblo*.

Testimonios:

"Yo escuchaba las historias clásicas: la sirvienta se enamoraba del muchacho rico —o al revés— ; el final era siempre el mismo, que triunfaba el amor." (Aída Cavalcante, 77)

"Con la Tati estuvimos haciendo memoria sobre los radioteatros y nos acordamos de *Blanquita se ha casado*, y después agregaban siempre: "y penetra en el matrimonio arrebatada por un auténtico éxtasis de amor", con

Blanquita Santos. Era una comedia de una recién casada[4], que no sabía hacer nada, pero era toda dulzura, una hermosa comedia de esa época, bien sana." (Gladis, 63, y su madre Tati, 83)

"Las historias escuchadas en la radio incentivaban nuestra imaginación. Toda una generación se volcó a los libros, porque la lectura complementaba las historias de la radio. Una de ellas en particular; aún hoy, a tanta distancia, la recuerdo con nitidez. Parece que la estoy oyendo. Transcurría en Londres, durante la Segunda Guerra Mundial. El protagonista era un aviador de la RAF que había sido derribado en su avión incendiado. Había podido salvar su vida con el costo de graves quemaduras que le desfiguraron el rostro. Vivía enclaustrado en su hogar con un hondo resentimiento. Solamente salía durante los ataques nocturnos de los aviones Stuka alemanes, para dirigirse al refugio. Usaba un impermeable con las solapas levantadas y un sombrero cuya ala le cubría el rostro. En la oscuridad del sótano traba relación con una mujer joven de la cual solo conoce la voz. Al sonar las sirenas él, presuroso, abandona el lugar y se pierde en medio de la cerrada niebla para proteger su identidad.

Las expectativas de estos encuentros me fueron llevando a lo largo de un mes; era un amor torturado por la falta del mutuo reconocimiento. Con mis románticos doce años, como oyente yo ya me encontraba al borde de la desesperación cuando por fin se produce el milagro... la protagonista lo persigue a través de las oscuras calles londinenses, con el triunfo del amor verdadero por sobre las apariencias humanas. En ese punto mi cara se vio

---

4- Nota de la Autora: se refiere a ¡Qué pareja! de Abel Santa Cruz, que se emitía por Radio El Mundo.

inundada por un imparable llanto y una inocente angustia. Yo estaba también enamorada de ese desdichado aviador... Ése fue mi primer mal de amores." (Nélida Fernández, 81)

"La temática era la tradicional en esa época; había un héroe y un antihéroe, un villano. Temas gauchescos... Al radioteatro lo escuchaba todo el mundo." (Juan Pedro Fresi, 80)

III

RADIOTEATRO COMERCIAL VS. RADIOTEATRO PARA ESCUCHAR

Uno de los comentarios que más ha circulado acerca de la calidad de los radioteatros es el supuesto de que los escritores inteligentes y cultivados no descendían hasta los territorios del drama radial, devenido peyorativamente en "dramón". Por lo tanto, el éter y sus historias se poblaban de advenedizos y *filibusteros,* efectistas y chabacanos hábiles en el golpe bajo y la lágrima fácil.

En la sección dedicada a la radio (firmada por la sigla R.R.R.) de la revista Mundo Argentino de mayo de 1958, aparece una breve nota con tono de editorial, arengando a las emisoras a cambiar de estilo: *es indispensable que transiten por sus caminos otros elementos, otra gente. Necesitamos gente inteligente que dirija la radio, pero que también sienta amor por la radio, por un medio y un arte llamado menor...*

Según R.R.R., *los intelectuales toman con cierto dejo de desprecio la labor radial, una labor que,* aclara, *puede ser muy hermosa y muy digna,* y los señala claramente *culpables de no ocupar esos espacios,* a los que esos inteligentes e injustos *menosprecian.*

Esos criterios no se estrenaban con el nacimiento de la radio: el antecedente del radioteatro, el folletín, también arrastraba ese antipático estigma. Si por las páginas de

28

las novelas por entrega habían desfilado nombres ya consagrados de la literatura nacional (Ricardo Rojas, Hugo Wast, Manuel Gálvez, Enrique Larreta, Horacio Quiroga, Belisario Roldán), también era cierto que muchos de ellos se habían escondido tras un seudónimo.

No podremos negar que estas apreciaciones y prejuicios tenían argumentaciones aparentemente válidas en boca de quienes detentaban la *cultura* y el *bien decir*. El mismo Homero Manzi se había despachado a gusto contra el autor González Pulido, desde un artículo en la revista Micrófono y en un análisis del radioteatro, Zelmar Gueñol califica el trabajo de Pulido (las obras de *Chispazos de Tradición*) como "burdo, carnavalesco e inauténtico". Sin embargo, es el mismo Gueñol el que escribe los siguientes conceptos, demostrando que aún a la hora de juzgar al folletín, hay sutiles matices:

"Prejuzgar en contra del folletín literario, del sainete, del tango, del radioteatro (y de su sucesor de hoy, el teleteatro) y hasta de la fotonovela es suponer que dentro de formas en que se repiten contenidos habitualmente mediocres, ha de ser fatalmente imposible producir otros ejemplos superiores y hasta sublimes. Como si en ellas los defectos fuesen, precisamente, inevitables características definitorias".[5]

Y acto seguido cuenta una anécdota ejemplificadora de la dicotomía que, como tantas otras, aún queda por resolver en nuestro país:

Hacia 1940, el distinguido profesor Angel Battistessa desde su cátedra de la Facultad de Filosofía y Letras de

---

5- GUEÑOL, Zelmar. EVOCACION DEL RADIOTEATRO, en ENSAYOS ARGENTINOS, Centro Ed. de América Latina, Buenos Aires, 1972.

la Universidad de Buenos AIres, se lamentaba, irónica y aristocráticamente, de que fuera éste un país "donde el radioteatro ha pasado a ser considerado un género literario..." Era la suya, por supuesto, una manifestación más del típico divorcio entre la solemne cultura oficial (...) y la inmediata realidad cotidiana (...)

Sin embargo, la cuestión aquí *no es la de preguntarse si el melodrama es un género noble o un género vil,* aclara Román Gubern bajo el título "Teoría del Melodrama".[6] El camino parece ser establecer el paralelo actual con la tragedia griega y sus espectadores, y profundizar en la función pedagógica y catártica del melodrama —y por ende, del radioteatro— en las sociedades que se debaten entre los grandes problemas de la humanidad y las pequeñas miserias coyunturales de cada época.

Mucho se ha avanzado en este terreno, y han intentado superarse las lecturas simplistas y despectivas que dividen las aguas (como en las historias en las que el protagonista es el héroe y el antagonista el villano) en artes mayores y menores, negándole a las *culturas populares* su condición de *culturas*.

Desde Caracas, el escritor Roberto Echeto reflexiona: [7]

"Siempre resulta difícil comprender por qué a los intelectuales les da por pensar que existe una «alta cultura» en oposición a una «baja cultura», y más difícil resulta definir por qué esa misma gente defiende la idea siempre extraña de que existen géneros (literarios, musicales, teatrales o de la naturaleza que sean) mayores y menores,

---

6- GUBERN, Román. MENSAJES ICONICOS EN LA CULTURA DE MASAS. Lumen, Barcelona, 1988.

7- ECHETO, Roberto. EL ARTE DE ESCRIBIR RADIOTEATROS. www.analitica.com

como si esa distinción importara verdaderamente... Lo peor es que esa injusta y tajante taxonomía supone que hay géneros que le ofrecen la santidad a la gente y géneros que solo divulgan estulticia disfrazada de felicidad. O sea que, en pocas palabras, y según algunos intelectuales, si tú accedes a los géneros «mayores», trasciendes cultural y espiritualmente, y si entras en contacto con géneros «menores», te embruteces.

No existen géneros «mayores» ni «menores»; existen los géneros y ya. Con ellos y en ellos se puede hacer por igual maravillas o desastres. (..) Nada justifica que sigamos creyendo que la telenovela es un género menor y que por ello no debemos darle importancia como fenómeno de masas y mucho menos ponernos a dilucidar y a intervenir su estética porque para qué si ése es un arte de amas de casa... (...) Así resulta normal que un cuento leído ante un micrófono, un radioteatro o una radionovela sean vistos por encima del hombro, como si fueran cosa de juego o un simple capricho."

El debate al respecto es de larga data. Luis Sandoval, en su "Radioteatro y Cultura Popular"[8] sintetiza: *ya en los '60 Umberto Eco caracterizaba las posiciones en pugna como integrados (aquellos que descontaban los efectos positivos de la introducción de los medios masivos de comunicación) y apocalípticos (quienes en cambio solo veían en la comunicación de masas sus aspectos alienantes al servicio de la reproducción del sistema) (...) La tónica general indica sin embargo que, si las décadas de los '60 y '70 fueron monopolizadas en los estudios sobre la comunicación de masas por los análisis de los mensajes y de los*

8- SANDOVAL, Luis. Radioteatro y cultura popular: placer y mercado en los medios de comunicación. www.comminit.com

efectos, la de los '80 se convirtió en cambio en la destinada a los análisis de los procesos de recepción y consumo desde el punto de vista del sujeto receptor.

Continúa Sandoval: *"con todo lo que se ha dicho y escrito en los últimos años sobre ella, sigue siendo dificultoso definir qué es la cultura popular. Ya hemos dicho que para los partidarios de la alienación absoluta de las masas, la cultura popular en la práctica no existiría y solo habría remedos de la cultura culta, manipulados por los medios de comunicación de masas para la consecución de sus fines. En el otro extremo, las visiones más folclorizantes de la cultura interpretan las culturas populares como una suerte de reducto que conservaría intacto el espíritu de la Nación, especialmente en países que, como la Argentina, sufren una constante invasión de mensajes foráneos."*

La realidad en la historia del radioteatro nacional fue que, más allá del debate pendiente, el radioteatro (y después la telenovela) vino a detentar un status pobre, en el que lo popular sería sinónimo de denigrante.

Y aún dentro de los seguidores del género, las aguas volvían a bifurcarse, a establecerse, digamos, como una *diferencia de clases* entre los radioescuchas:

Esta diferencia de clases prosperó y quedó marcada para siempre. Había comenzado la "discriminación en radio"; las Compañías comerciales irradiaban la novela (cientos de capítulos) y salían en gira por los teatros con la versión completa. En cambio, las compañías de radioteatro "para escuchar" transmitían solamente desde Capital Federal. Ninguna novela "para escuchar" tocaba el género gauchesco. Era patrimonio de los autores del radioteatro comercial.[9]

De esta forma, nos dice Jorge Rivera, *tres o cuatro generaciones de argentinos (...) dividieron sus preferencias entre los anacrónicos folletines de Radio del Pueblo o las expresiones más sofisticadas (aunque usaran los mismos trucos) de Radio El Mundo.*

El dial se dividía entre la línea criollista y del suburbio, que desarrollaba, entre otros, Juan Carlos Chiappe, (Radio del Pueblo, Antártida, Porteña y Provincia) y el sentido estético que Armando Discépolo trataba de imponer al frente del elenco estable de Radio El Mundo, con versiones de teatro y de películas ("Radio Cine Lux"). Había otra tercera línea que ya estaba asentándose en el gusto popular, la sentimental, y en ese campo se lucían Celia Alcántara ("La última verdad", "Simplemente María", "Rafael Heredia, gitano") y Alberto Migré ("0597 da ocupado" y "Esos que dicen amarse").[10]

Víctor Taphanel recuerda en su trabajo "Vuelta Atrás" [11] : *en la radio, los novelones eran su pilar fundamental. Había uno, rayando el mediodía, el de Héctor Bates. Gritado, dramático. El otro, el de la media tarde, en Radio El Mundo, era más reposado, para el momento del mate y la costura, interrumpido por el "¡Nene, vení a tomar la leche!".*

9- LOISI, Mabel. CLASICOS ARGENTORES VOL.1, Ed. Fundación Autores, Bs..As. 2005.

10- RIVERA, Jorge. Radioteatro: la máquina de capturar fantamas. En MEDIOS DE COMUNICACIÓN Y CULTURA POPULAR, Bs.As., Legasa, 1990.

11- TAPHANEL, Víctor. VUELTA ATRÁS, en CRÓNICAS ARGENTINAS, Centro ed. de América Latina, Bs.As. 1972.

Ya estaban claramente diferenciadas las dos corrientes. Y ni qué hablar de la palabra "novelones"...

En esta especie de versión libre de apocalípticos e integrados, del radioteatro "para escuchar" versus el radioteatro "comercial", bien podrían servir de mediación las palabras de Umberto Eco:

Los "integrados" tienen un descuido grave cuando sostienen que la producción cultural es buena en sí y por lo tanto no debe ser criticada; por la otra, los "apocalípticos" fallan al considerar la cultura de masas como irrelevante solo porque es industrial, sin ver las aportaciones valiosas que muchas veces puede generar.

TESTIMONIOS DE LA "RASCADA" Y EL "MALÓN"

La locutora Susana Sisto, la autora Mabel Loisi y la actriz María Concepción César recuerdan anécdotas de su labor en radio, en las que bien puede palparse la tajante división entre ambas castas, el radioteatro *para escuchar* y el radioteatro *comercial*:

Yo había trabajado mucho en las giras con Chiappe —dice Sisto— y en los elencos de lo que generalmente se denominaba teatro de "la rascada". Cuando me probé para ingresar a Radio del Estado con don Joaquín García León, que era escritor y director, me confió que él también había sido "cómico de la legua"[12], pero que por las dudas

---

12- Vale esta definición dada por Ana María Campoy: cómicos de la legua, porque en cada legua había un poblado, y ellos paraban ahí, ponían sus tablones sobre barriles prestados y montaban el famoso tinglado.

no les revelara a mis nuevos compañeros de elenco mi incursión por los radioteatros "populares"...

Fue duro —cuenta Loisi— : *yo tenía veinticuatro años cuando ingresé a Argentores. Me sentía feliz por los borderós suculentos que recorrían el interior del país con "Ante Dios todas son Madres", "La novia del cielo" y otras obras mías que ya llevaban más de 100 representaciones. En ese momento Argentores publicaba un boletín mensual donde aparecían "las mediciones de rating". Un día en esa institución estaban los de Junta Directiva en el primer piso. En la antesala, Armando Discépolo le preguntó a alguien por mí, —"Y esa chica ¿quién es?", porque no había mujeres empleadas en Argentores. Había solo braguetas en oficinas, pasillos y Junta. Alguien le contestó: —"Esta chica escribe radioteatro comercial". "Ah, —dijo—, ésta es la del malón". Cuando me lo dijeron yo salté como un resorte, pero Manuel Ferradás Campos me hizo callar. En radio, las novelas de 22 capítulos eran "para escuchar", "novela rosa". Como si el otro radioteatro no fuera para escuchar!*

"Yo venía haciendo radioteatro con Armando Discépolo y con grandes actores nacionales. Pero un día Roberto Valenti, que venía de hacer "Fachenzo el maldito", me dice: Maria Concepción, yo sé que usted es egresada del Conservatorio con el Premio Nacional, yo sé toda su historia, lo que le voy a ofrecer es una obra en Radio del Pueblo, y en tres meses la saco en gira. Usted se va a hacer millonaria. ¿Dónde vive? —En Floresta. ¿Sus padres son dueños? —No, alquilan. ¡Correcto! Usted va a tener mucho dinero, querida, se va a poder comprar lo que quiera. Pero eso sí, se tiene que olvidar de todo ese teatro importante que usted quiere, del Cervantes y de sus

películas. No me conteste ahora, piénselo. Y lo pensé mucho. Y esa noche lloré mucho también." (María Concepción César)

EL RADIOTEATRO, LA CENICIENTA DEL ÉTER

Este libro intenta recorrer la historia de un género proveniente de la narrativa popular (casi siempre anónima) transmutado por la tecnología de comienzos del siglo XX. Con un alto consumo por parte del público durante décadas ("*para escucharlo se paraba el país*", recuerdan los entrevistados) sin embargo jamás logró ocupar un sitio de prestigio.

Parafraseemos a Nora Mazziotti cuando nos habla de la telenovela, sustituyendo este producto por el radioteatro, y tendremos un escenario similar: "el género, acompañado por audiencias fieles y masivas, (...) fue sistemáticamente despreciado por los intelectuales, por los maestros, por los periodistas, por los políticos (...) hasta los mismos actores que trabajaban en las telenovelas hablaban mal de ellas".

Y continúa Mazziotti: *con el espectáculo existen escalas de valoración. El teatro ocupa el lugar más alto.* [13] *Dentro del teatro, el drama es más prestigiado que la comedia o el musical. Después viene el cine. Algunos géneros —el policial negro o el cine de autor— gozan de mayor legitimidad que el western o el melodrama. La*

13- Mabel Loisi recuerda que en sus inicios como autora, *en Argentores todos los Presidentes tenían que ser autores de Teatro,* lo que habla a las claras de su valoración.

televisión está en un nivel inferior. Y dentro de ella, la telenovela desciende unos cuantos escalones por debajo de los programas periodísticos o *culturales.*

¿Qué queda entonces para la radio, supuesta hermanita menor de los medios de comunicación? Y dentro de la radio, ¿cuál es el escalafón que ocupa el radioteatro? La respuesta es obvia, y hasta podríamos agregar que en este escalafón puede detectarse, inclusive, al radioteatro *para escuchar* en un peldaño superior al del desmerecido radioteatro *comercial.*

Abusemos de las conclusiones de la investigadora citada, ya que nadie mejor que ella para definir el fenómeno de la persistencia del melodrama (ya sea en cine, telenovela o radioteatro) en el gusto popular. Sus palabras acerca del futuro de la telenovela pueden trasladarse al del género radioteatral sin cambiar ni una coma: "la pertenencia al melodrama y sus reglas le ha permitido su expansión (...) La búsqueda de nuevos caminos no implica necesariamente el abandono de sus retóricas habituales, sino más bien una reubicación . Hay que pensar en la incidencia de las nuevas tecnologías, programas interactivos con los que cada uno podrá construir su propia novela, cruzando personajes, actores, historias. O ingresarán en Internet. (...) Las telenovelas pueden transformarse, reciclarse, derivar en otros formatos, migrar de soportes. Van a existir mientras no pierdan la marca con que están selladas a fuego: la capacidad que tienen las historias de amor de provocar emociones." [14]

El radioteatro llamado *comercial,* menos sutil y depurado como producto radial, con sus gritos, carcajadas,

---

14- MAZZIOTTI, Nora. La industria de la telenovela. Pág. 168.

doblesentidos y golpes bajísimos, poseía una legión de escuchas pertenecientes a las clases menos afortunadas, social y económicamente hablando. Sus historias gauchescas, sus "dramones" de identidad, sus injusticias, sus villanos —insuperables en villanía— eran seguidos por todos los pueblos y todos los barrios, y las giras de los elencos eran esperadas ansiosamente por hombres y mujeres de todo el país. Los estudios de radio de la entonces Capital Federal se poblaban de abuelos y de familias enteras que viajaban en tren o en colectivo vestidos de domingo aunque fuese jueves para ver a sus artistas *en vivo y en directo*.

En cambio, el radioteatro *para escuchar* imitaba o adaptaba las historias provistas por Hollywood, se adentraba en la psicología de los personajes, apoyado en la música "culta" llamada clásica, y moderaba sus pasiones a través de los largos parlamentos cuidadosamente escritos. A las emisoras llegaban tapados de piel, trajes impecables, alhajas de oro, guantes al tono.

La memoria de los entrevistados mayores cuenta también, sin embargo, que las señoras *bien* no se perdían ningún capítulo de los radioteatros *comerciales,* enganchadas por la intriga y quizá por la fascinación de explorar sin riesgos ese *submundo* plagado de exabruptos. Descubiertas en su desliz, las *patronas* esgrimían el sospechoso pretexto de que *como la criada los escucha, yo no tengo más remedio...*

Estas *artes menores* melodramáticas al institucionalizarse en los '40 y '50 conformarán un lenguaje alternativo, construido desde abajo y no representado por las letras de la cultura erudita. Marcelo Padilla, en su artículo *Pérdidas de la cultura popular*[15] cita al realizador Carlos Monsiváis: "Los mexicanos aprendieron a ser mexicanos en el cine"; *es decir,*—continúa Padilla— *que en el cine, el público vio la posibilidad de experimentar y de adoptar nuevos hábitos, de ver reiterados códigos de costumbres. Al cine la gente fue a "reconocerse" en un lenguaje que le era propio y a sentir, sin saberlo, la primera vivencia cotidiana de Nación. Al permitir al pueblo verse, lo nacionaliza.*

Según el libro *Melodrama e cultura de massas*, de la investigadora Silvia Oroz[16], el melodrama exige *una narración que señale una única lectura. A través del melodrama, el público confirma su visión del mundo,* y en el caso del radioteatro, esta *necesidad de reafirmar sus valores por parte del oyente no se ve defraudada.* Coincidimos con Oroz, a lo largo de esta investigación, en que los temas de la ficción radial son *un síntoma de necesidades mal resueltas en la esfera de la realidad.* El radioteatro y el melodrama han sufrido a lo largo de su historia de preconceptos y estigmatizaciones, del mismo modo que su público, proveniente de la clase trabajadora, era marginado y desdeñado.

El historiador y guionista de radioteatro Efraín Bischoff en el artículo aparecido en la revista Crisis[17] afirma: "en los temas, la gente veía reflejada su propia vida: la suegra que no quería al yerno, los novios que no podían besarse, en fin, cuestiones ingenuas pero reales, con las que la gente se identificaba plenamente. Ésta fue la fórmula del éxito".

15- www.mdzol.com Pérdidas de la cultura popular, por Marcelo Padilla. 21 de Abril de 2008.

16- En portugués en el original.

17- Crisis, Nro. 70, mayo 1989. Una retórica del exceso..

Tal vez, entornando la puerta de la investigación del género pero dejándola entreabierta a futuras lecturas, podamos esbozar la hipótesis, retomando la frase de Carlos Monsiváis, de que *los argentinos aprendimos a ser argentinos en el radioteatro...*

IV

SOBRE ESCRITORES Y LIBRETOS

"Alguna vez se escribirá la historia de la radiotelefonía argentina y los autores del radioteatro tendrán seguramente en ella el lugar que les corresponde"

Luis María Grau, autor de "Los Pérez García"

Eduardo Romano, en "Medios de Comunicación y Cultura Popular" y cuando recién alboreaban los '90, se preguntaba si había existido el "escritor" de radioteatro, sin disculparse por las comillas que sembraban, si no dudas, al menos insidiosas sospechas. Dice Romano:

Era común que los autores de libretos radioteatrales no tuvieran terminado su texto antes de iniciarse la emisión de un nuevo título, y lo iban completando, luego, a medida que avanzaba la misma.

A menudo, parece confirmar Mabel Loisi desde una publicación de Argentores, *el actor preguntaba al autor cómo finalizaba la novela. Muchas veces ni el mismo autor lo sabía.*

En otras ocasiones, era una suerte llevar al autor en las giras con el resto del elenco: en los *Testimonios* veremos uno de esos casos en que para salvar la función hubo que reescribir contrarreloj el tercer y último acto de la historia, mientras en el escenario los actores todavía interpretaban el segundo. Pero volvamos a Romano:

Salvo excepciones ni la radioemisora ni los propios autores solían conservar dichos libretos y nadie se preocupaba por editarlos. Esa despreocupación puede ser interpretada como un verdadero juicio despectivo, pero también como la dinámica propia de un género y un medio específicos.

Alberto Migré reflexiona sobre los archivos perdidos, y se lamenta del poco material original que se ha conservado: *"Ocurre con los Pérez García, aquel suceso radial durante 20 años. La familia de don Luis María Grau no conserva los libretos. Y muchas de las novelas de Juan Carlos Chiappe también se perdieron. O algunas de Nené Cascallar. Es duro y lamentable."*

Hace unos años, conversando con Mabel Landó, (*—¡Yo era tan jovencita!* — me dijo— *¿Cómo iba a imaginar que esos papeles podían tener valor en el futuro?*) supe que no guardaba libretos de la época en que era la *Juana* de Tarzán. Tampoco *Tarzanito*, el actor Oscar Rovito. Nadie guardaba nada. El papel sobre el que se escribían los guiones era sumamente frágil, casi como un papel de barrilete; las emisiones eran diarias y apenas salido al aire, el libreto era desechado al cesto de la basura, o quedaba alfombrando el suelo del Estudio. Salvo en Radio El Mundo, donde, según nos cuenta el sonidista Edgardo Fitipaldi, la pulcritud era una constante: *en radio el Mundo eso no existía, eso de que el piso estuviese lleno de papeles de un radioteatro que pasó. Primero porque lo juntábamos nosotros. Y segundo porque terminaba una audición y el sector de mantenimiento y limpieza pasaba por cada estudio y lo dejaba* *impecable. Nunca en radio El Mundo se iba a encontrar un Estudio sucio.*

Volvamos a Romano: *el escritor no era tal, sino alguien que reuniera simultáneamente dotes de folletinista, para armar tramas cautivantes y complicadas; de dramaturgo, para que sus diálogos resultaran fluidos y efectivos; de director escénico, para coordinar y afiatar la labor del elenco actoral. Fue el caso del trovero Rocatti, de Francisco "Pancho" Staffa, de Audón López, de Francisco Mastandrea, etc.*

(...) Solo muy excepcionalmente algún escritor reconocido dentro del ámbito de las letras incursionó en este medio: Nicolás Olivari, Raúl González Tuñón, Carlos Schaeffer Gallo, Roberto Valenti. Algunos otros lo hicieron, hay que admitirlo, enmascarados en algún seudónimo para no desprestigiarse.

Para Luis Sandoval, los guionistas *soportaban una dinámica de trabajo sumamente exigente y debían adaptarse constantemente a la coyuntura y a los requerimientos del mercado. Así, algunas historias se prolongaban o reducían en función del éxito alcanzado o se variaban las características de los personajes, en una constante interrelación entre el autor y su público.*

Roberto Echeto[18], en Venezuela, define que *un libreto, al igual que una partitura musical, es un texto listo para ser actualizado luego de un proceso artístico e intelectual que interprete la letra impresa en una actuación radiofónica, y «actuar» en la radio significa moldear el audio, manipular cada uno de los elementos sonoros para otorgarle vida a*

18- Echeto, Roberto, op.cit..

un relato en el que se pueden contar todas las realidades y todas las fantasías posibles; «actuar» en la radio significa lograr que todo mensaje se oiga espontáneo, natural y lo suficientemente trabajado como para que se le reconozca su individualidad.

(...) Y aunque parezca extraño, una de las características más interesantes de todo relato radial es su fuerza icónica, su capacidad de convertirse en un generador de imágenes mentales contundentes de las que el espectador no puede deshacerse con facilidad. Eso explica el éxito que en su momento tuvieron las primeras radionovelas y el éxito que aún tienen en el público de las nuevas generaciones.

Como en aquellos folletines y novelas por entregas, el mérito del libretista consiste sobre todo en la elaboración del "gancho", el interrogante que obligue al oyente a volver a sintonizar la historia en el dial para saber qué ocurrirá después. El escritor chileno Antonio Skármeta atribuye su vocación literaria al acicate de su abuela, que cuando la onda de la radio por la que estaban recibiendo la novela se iba, sumiéndolos en el silencio y en la intriga, conminaba al pequeño Antonio a que continuara contándole la historia *de su propia imaginación*. Al parecer, el futuro escritor lo hacía bastante bien, porque un día, aunque la onda llegaba normalmente, su abuela apagó el receptor y le dijo: cuenta tú. Y esa tarde comenzó una carrera que sigue dando frutos. Y libros.

Luis María Grau pregunta desalentado: *"¿Qué queda del autor después del esfuerzo de construir un radioteatro? Nada. Páginas y páginas escritas a máquina precipitadamente, quemadas después en el micrófono (...) a veces, un recuerdo que dura cierto tiempo, pero siempre el olvido definitivo. El oyente, por más que apruebe una historia y ésta le satisfaga, no puede guardarla como una revista o un libro... y sin embargo al público le encantaría volver a escuchar lo que tanto le gustó.*

Víctor Agú, co-autor junto a Migré de muchísimas obras, nos cuenta: "Trabajar con Alberto, no sé decir si era fácil o era difícil. Por el nivel de exigencia de Alberto. Yo a veces me dormía. Él no. Teniendo yo muchos años menos a veces no daba más. Y seguíamos y era tal la pasión de este hombre que escribía respirando y con la música del teclado. Porque yo estaba en la computadora y él en la máquina de escribir, porque no quería dejar la máquina, porque si la dejaba perdía la música de las teclas, porque las teclas le iban orientando el *crescendo* de la escena. Entonces eran él y la música de la escena y había una totalidad, y un rito. Y él escribía más rápido en la máquina que yo en la computadora."

Excede nuestras posibilidades el hacer (lo que sería justo) una semblanza acabada de todos los escritores nacionales de radioteatro. Sin embargo, nuestro humilde aporte, sabiéndose limitado y lleno de ausencias, intenta acercarse al deseo de Luis María Grau: que los autores y autoras del género tengan en la memoria colectiva el lugar que les corresponde.

CELIA ALCÁNTARA (Clementina Angélica Palomero, 1921-2005): abogada, se inició en la radio escribiendo glosas y luego se especializó en radioteatro centrándose en heroínas que luchaban por sus derechos. Algunas de sus obras radiales: "La usurpadora", "Agonía de amor", "La extraña pasajera", "Nadie dice tu nombre", "Una mujer al margen". Gran Premio de Honor de Argentores, entidad en la que ejerció la presidencia.

HÉCTOR PEDRO BLOMBERG: inspirado en episodios y leyendas de la época rosista, Blomberg inaugura el género histórico. No fue un revisionista, sino que, con singular maestría, ubicó sus relatos de amor y muerte en el escenario de las luchas fratricidas que recrean la mitología del rosismo menor, la divisa punzó, oficiales, bailes, candombes y cuchilleros. También como autor teatral tuvo reiterados éxitos: "Barcos amarrados", "La Mulata del Restaurador", "La sangre de las guitarras" —representada en el Teatro Colón—, son algunos títulos. Muchos de estos relatos llenaron las tardes de los radioteatros porteños. Recordamos en 1938, por Radio Mitre "Los jazmines del ochenta" por la compañía de "Teatro del Aire", que encabezaban Pascual Pellicciota y Eva Duarte.

ALMA BRESSAN (Alma De Cecco): (1928-1999) Escribió más de cien radioteatros. El primero de ellos fue "Pequeñas historias de amor" en 1955, protagonizado por Alba Castellanos y Fabio Zerpa. Recibió el Premio Fondo nacional de las Artes y el Premio Hebraica, entre otros muchos reconocimientos.

NENÉ CASCALLAR: como oyente, admiraba a Carmen Valdés, gran estrella de radioteatros. En 1941 Nené le mandó una novela de 22 capítulos. Para su sorpresa, su admirada la protagonizó en radio. Con la clásica secuencia "encuentro, noviazgo, vicisitudes y casamiento" fue una de las primeras autoras-estrellas de la radio: el Radioteatro de Nené Cascallar es el primero en la historia de la radiofonía argentina que menciona a su autor en los títulos; permaneció en el aire entre 1947 y 1954. Su verdadero nombre

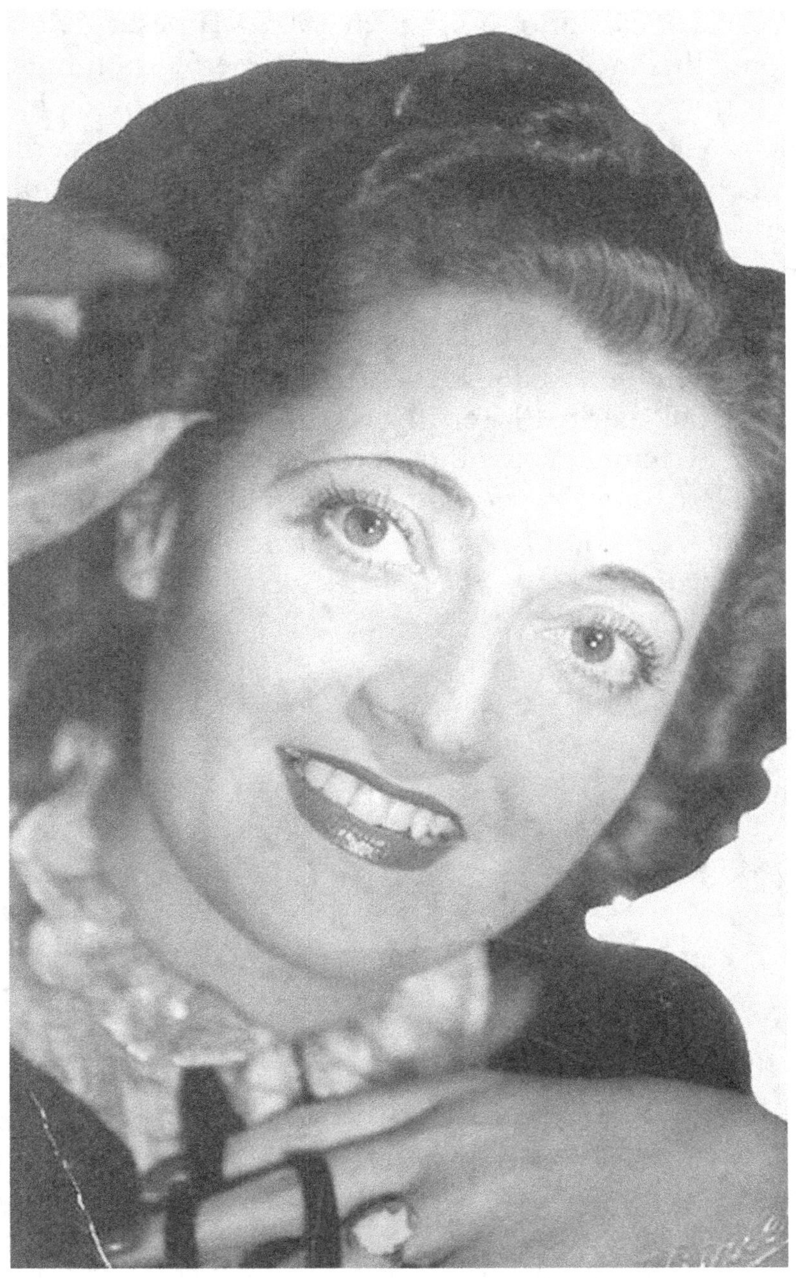

Nené Cascallar, autora.
Revista Sintonía (archivo de la autora).

era Alicia Inés Botto. Nacida en 1905 y a pesar de que la poliomielitis afectara su motricidad, superó esta limitación y se formó en Filosofía y Letras, desarrollando una incansable producción como autora. Radio y televisión fueron su excusa para contar sobre las formas del amor, y su fallecimiento, en 1982, dejó truncas las historias en las que estaba trabajando.

ORLANDO COCHIA: hermano del actor Rolando Chaves (seudónimo de Dagoberto Cochia). Fue periodista, director del diario El Territorio, de la Pcia. del Chaco, y escritor de numerosos radioteatros entre los que se pueden nombrar: *El misterio de Madeleine Renard, Un plomo en el corazón, Prisión perpetua, La bruja está en el galpón, Amor salvaje.*

Durante las giras, se transportaban los gigantescos telones pintados y algunas siluetas de árboles para completar la escenografía. Escena de *Amor Salvaje*, Cía. de Aldo Lucci. 1958 (archivo de la autora).

Gira del radioteatro *Amor Salvaje:* el villano ataca a la indefensa indiecita Lanza Pampa, ante la indignación del público, 1958 (archivo de la autora).

La indiecita Lanza Pampa (Rudiel Wilde) en los brazos del galán que
ha venido a rescatarla (Rolando Chaves) 1958 (archivo de la autora).

TEATRO MUNICIPAL LARRAÑAGA

SABADO 18 DE MAYO DE 1957

FUNCION DE GALA EN ADHESION A LOS ACTOS CELEBRATORIOS DEL ANIVERSARIO DE LA BATALLA DE LAS PIEDRAS

Campañía **ORLANDO COCHIA,** de los programas de CW 23 Radio Cultural de Salto, a las 21 y 30 horas, grandioso estreno:

El MISTERIO de MADELEINE RENARD

Tres actos divididos en cinco cuadros, original de Orlando Cochia, con el siguiente reparto por orden de actuación:

Roxana Bermudez	**RUDIEL WILDE**
Charles Renard	**ORLANDO COCHIA**
Don Tadeo	**MARIO GANTES**
Charrua	RUBEN ZARATE
Doña Lucía	SONIA FERREIRA
Pierre Dupont	ALDO ARGENTINO COSTA
Escenografía	ESTUDIOS BAIRES
Regisseur	LINO VEGA

Gran FIN DE FIESTA con el celebrado galán cómico **ALDO CHAVES** en su festejado CLETO GARAY, y otros números de gran jerarquía

---

LOCALIDADES EN VENTA

Platea $ 2.00 ....Tertulia $ 2.00	Galería Baja 1a. fila .....$ 1.30
Galería Baja 2a. fila ......,, 1.00	Galería Alta 1a. fila .....,, 0.80
Galería General ....,, 0.60	Palcos con 4 entradas ...,, 10.00

Imp.-Sarandí   1400

Programa función gira,
Teatro Larrañaga de Salto, Uruguay.
(archivo de la autora).

MIGUEL CORONATTO PAZ, un maestro del humor. De periodista pasó a libretista cuando le pidieron que escribiera un guión para el actor Enrique Muiño y así nació *Ceferino, el Marqués del Gran Boleto*, que se difundió durante siete años por las radios Splendid y Belgrano. Su mayor éxito comenzó en 1944 cuando dio vida a Felipe, el personaje que durante 23 años interpretó Luis Sandrini en Radio El Mundo. Otro éxito fue El Relámpago, la redacción de un diario, que se emitió 17 años en la misma radio. Falleció el 7 de octubre de 1990.

JUAN CARLOS CHIAPPE (1914-1974). Creador de más de seiscientas obras, fue acusado de escribir melodramas exacerbados, extremadamente simplistas y *populacheros*. Iniciado como cantor de tangos a los catorce años, vendía letras de canciones hasta que recibió el apoyo de Carlos de la Púa, con quien estrena una obra teatral. Algunos de sus radioteatros más famosos fueron Nazareno cruz y el Lobo (1951); Juan Barrientos, carrero del 900; El Dolor de un gran Amor; Juan sin Ropa; El payaso rojo; Por las calles de Pompeya, llora el tango y la Mireya (en la que nació Mingo, el personaje que Juan Carlos Altavista recreó durante décadas). Y Chiappe tenía su cábala: los primeros capítulos de sus radioteatros los escribía en el recreo "Laura", en el Delta. En 1973 llegó a escribir diez programas simultáneos: "Malena muchacha de mi pueblo" (El Mundo), "Inocencio" (Mitre), "El humor de El clan del aire" (Mitre), "Lito, el diariero de la esquina" (Splendid), "Beba, la de la feria" (Argentina y 28 emisoras), "Marta y yo" (Excelsior), "De buen humor" y "Cosas que viví y las cuento".

NELLY DE MENDOZA (seudónimo de la actriz Nelly Ortiz): escribe para las giras de su Compañía (junto a su esposo Adolfo Marzorati) títulos como: Soy Tijereta

Vizcacha, el terror de las muchachas; Yo no tengo la culpa; La venganza de Salvatore Giuliano, entre otras.

ARMANDO DISCÉPOLO: se inicia en teatro con la obra *Entre el hierro*, estrenada por la compañía de Pablo Podestá en 1910. Creador del *grotesco criollo* —"Mateo", "Stéfano", "Hombres de honor", "El movimiento continuo", "Mustafá", "Giácomo", "Muñeca", "Babilonia", "El organito", "Cremona" y "Relojero", escritas entre 1921 y 1934— imprimió al radioteatro de la emisora El Mundo su sello inconfundible. Murió a los 83 años, el 8 de enero de 1971.

LAURA FAVIO (Manuela Olivera Garcés, 1916-2007): mendocina, madre del cantante y director Leonardo Favio. Prestigiosa escritora, autora y guionista, famosa por crear numerosos radioteatros que hicieron furor a comienzos de la década del siglo XX, entre ellos *La bestia acorralada, Muros de rencor, Galería de sueños, Piel de pueblo, Hombres en guerra*, todos títulos irradiados entre 1959 y 1964. Trabajó por largo tiempo como autora en Radio El Mundo.

ANDRÉS GONZÁLEZ PULIDO: un escritor controvertido, al que muchos denostaban y al que Homero Manzi calificó de *filibustero*. "Chispazos de Tradición" fue su legado a la historia del radioteatro, constituyendo un éxito de masas en cada una de sus temporadas. El 23 de noviembre de 1936, Pulido fallece minado por la tuberculosis que lo aqueja, en algún lugar de las sierras de Córdoba, solo y pobre.

LUIS MARÍA GRAU, que tomó la posta de *Los Pérez García* iniciado por Massa y lo sostuvo en el éxito durante veinte años.

SILVIA GUERRICO (1905-1983): si bien nacida en Uruguay, no podríamos dejar de reconocer su prolífica producción para el aire rioplatense. En 1936 su adaptación de *Sandokán, el tigre de la Malasia*, incursiona en novedosos efectos especiales. Algunos de los sonidos eran traídos desde EE.UU. en discos de pasta, mientras que otros eran producidos artesanalmente.

MABEL LOISI: muchas de sus obras fueron emitidas bajo el seudónimo masculino de *Claudio Malbrán*, porque —según sus propias palabras— el radioteatro *comercial* no era bien recibido si la autora era mujer. Loisi ingresó muy joven a Argentores cuando la entidad era solo territorio de hombres. Sus títulos recorrían todo el interior con *suculentos borderós* y radioteatros suyos como "Ante Dios todas son Madres" o "La novia del cielo" llegaban a sobrepasar las cien representaciones. Durante más de una década Loisi presidió el Consejo Profesional de Radio de la Institución.

NINÍ MARSHALL (1903-1996): actriz y autora, creadora de originales personajes plenos de humor y emotividad. Certeros retratos de la inmigración y los arquetipos criollos fueron sus eternas Catita, Cándida, Niña Jovita y Belarmina, entre muchos otros que alcanzaron popularidad en Radio El Mundo y LR4 Radio Splendid.

CLAUDIO MARTÍNEZ PAYVA, especialista en temas históricos con fuerte acento nacional.

MARÍA DEL CARMEN MARTÍNEZ PAYVA: pocos meses bastaron para consagrar en todo el ámbito del país a la pareja compuesta por Jorge Salcedo y Dora Ferreiro quienes protagonizaban "El viento canta tu nombre", uno de los innumerables títulos de esta autora.

MUÑOZ AZPIRI, FRANCISCO: entre otras obras, fue autor de los guiones sobre mujeres ejemplares de la Historia encarnadas por Eva Duarte en Radio Belgrano. Escritor, ensayista, poeta, narrador, periodista, autor teatral, libretista radiofónico y cinematográfico, el 22 de abril de 1968 fallece a los 51 años sin ninguna clase de reconocimiento; la misa en su memoria en la Iglesia de San Francisco es controlada por la Policía y ulteriormente es despojado de todos sus bienes. Se lo recuerda como impulsor de la Secretaría de Estado y Cultura, desde donde fomentó iniciativas como la creación de la Orquesta Sinfónica Nacional.

ANA RIVAS (1911-2002): incursiona en el radioteatro alentada por Armando Discépolo; entre otros premios recibe en 1958 el del Fondo Nacional de las Artes por el conjunto de su obra, y el de Argentores por su guión de *Chenier,* que es reconocido en 1967 como "mejor radionovela mensual del año", una visión intimista de la Revolución Francesa interpretada por Alfredo Alcón y Violeta Antier.

ABEL SANTA CRUZ (1911-1995): Doctor en Filosofía y Letras, comienza su labor a los 24 años. Prolífico autor de radio y de teatro, su ductilidad y cultura lo llevan también al campo televisivo y cinematográfico, donde superó las 75 producciones. Entre sus innumerables obras podemos señalar *Cómo te quiero, Ana* (versión local de Yo quiero a Lucy, de Lucille Ball) y *El Rafa* (ambos para televisión); Los ojos llenos de amor y Las mariposas no cumplen años (teatro) Qué vida ésta, Señor! (radio) . Era capaz de escribir cuatro tiras radiales al mismo tiempo. Autodefinido como el comediógrafo de nuestra clase media, Abel Santa Cruz comenzó en 1939 en radio, escribiendo libretos para Francisco Charmiello y Leonor Rinaldi con el seudónimo *Dr. Lépido*

Frías. Escribió durante años un clásico de la radiofonía: *¡Qué pareja!,* con Héctor Maselli y Blanquita Santos, también conocido como *Qué pareja Rinso...berbia*; en teatro, la obra *Tu nombre es María Sombra* estuvo basada en su gran éxito radial.[19] *He nacido en Buenos Aires*, para la radio del '50, fue protagonizado por María Concepción César y Jorge Salcedo en veinte episodios de media hora.

ZENEIDA "YAYA" SUÁREZ CORVO: en las décadas del 40 al 50 dio a luz un éxito tras otro; alrededor de seis o siete cartas llegaban para ella todos los días a la emisora. Sus títulos más destacados: *Rapsodia* (1940) *El caballero de las dos rosas* (1941) *El halcón blanco* (1942) *La Virgen de piedra* (Radio Belgrano), además de 38 obras completas, 24 episodios y cientos de sketches radiales.

Testimonios:

"En Santa Fe, haciendo *La bruja está en el galpón*, Mario Gantes —actor característico[20]— salía en el primer y el segundo acto con una máscara, encorvado y moviéndose con muchos gestos y ademanes por el escenario, asustando al público. La identidad de la Bruja no se resolvía hasta el final, y la trampa era que la gente creyera que la bruja era el personaje que también hacía el mismo actor, pero en realidad era yo, que era la primera actriz. Pero esa noche, mi compañero sale como siempre y hace toda su pantomima, salvo que...se había olvidado de ponerse la careta. Y recién comenzaba el segundo acto! No podíamos parar la función, aunque todo parecía un fracaso, así que Orlando Cochia, el autor,

---

19- Jorge Nielsen, op.cit.
20- Actor o actriz que representa a personajes de edad.

se puso a reescribirla ahí nomás, y le cambió el final sobre la marcha. ¡El público ni se enteró de que esa noche asistió a una función única!" (Rudiel Wilde, 96)

"De otros no me acuerdo mucho los nombres, pero de ese González Pulido, sí. Vos fijate, después, en algún libro tiene que estar, González Pulido, porque era un gran escritor, González Pulido..." (María Elena, 94)

"Me acuerdo de Nené Cascallar. En general las obras eran de amor, familiares, costumbristas, cotidianas. El corolario era la unión. La tevé no tiene la magia de la radio, la magia de imaginarse cosas. Había obras buenas, por ejemplo en Radio Porteña. Y Lux tenía un radioteatro unitario sobre vidas célebres." (Aldo, 64)

"Yo escuchaba Radio del Pueblo. Novelas románticas. No me acuerdo de quién eran las obras." (Aída, 77)

"Lo malo es que una no se acuerda de quién escribía las obras. Celia Alcántara escribía mucho, mucho radioteatro. Yo escuchaba casi todas sus obras. La gente de lo que menos se acuerda es de los escritores." (Brenilda, 98)

"Silvia Guerrico, mi tía, la hermana de mi madre, Gran Premio Argentores en Radio en el año 1983, era periodista y era autora. Y durante buena parte de los '40 hasta comienzos de los '50 fue la directora del Departamento Literario de Radio Splendid. El *departamento literario* era el sector que llevaba adelante toda la responsabilidad de la ficción de una radio como Splendid, que en ese momento, como El Mundo o como Belgrano, tenía el 70 % de su programación basada en radioteatros. De ellos dependían: estilo, selección de los actores, directores, autores y todo lo demás." (Leonardo Coire, hijo del actor Héctor Coire)

V

DE VILLANOS, GALANES, CÓMICOS Y RELATORES

En la casa había voces familiares y rostros desconocidos. Se llamaban "la radio".

Víctor Taphanel[21]

Los sentimientos básicos de los que se nutre el melodrama son el miedo, el entusiasmo, la lástima y la risa. Los cuatro se corporizan (en el mismo orden) en las figuras del Villano, el Héroe —devenido en Galán— , la Víctima (generalmente la desdichada heroína de muchas historias) y el Bobo, el torpe, el cómico que hace sonreír con sus disparates. El mecanismo parece simple, con tan pocos ingredientes: la heroína es víctima de un villano que ejerce algún tipo de presión sobre ella (el Malo siempre detenta alguna clase de poder que el Héroe deberá desarticular); la aparición del Galán (a quien el gran amor que siente por la Víctima le infundirá fuerzas y astucia) vendrá a equilibrar la lucha, y para aflojar un poco la tensión extrema y darle un poco de respiro a los lagrimales, el oportuno toque de comedia del Bobo dará impulso al oyente para seguir sufriendo hasta el capítulo final. Y esa parece ser toda la fórmula.

21- Vuelta Atrás, Víctor Taphanel, en Crónicas Argentinas, LA HISTORIA POPULAR Nro.66, Centro Editor de América Latina, Buenos Aires, 1972.

EL VILLANO

Para Cawelty[22], las fórmulas, temas culturales específicos y estereotipos que toman cuerpo en relatos arquetípicos más universales, *permiten a la audiencia explorar en fantasía los límites entre lo permitido y lo prohibido.*

La función de los villanos: expresar, explorar y finalmente rechazar esas acciones que están prohibidas, pero que, a causa de otros patrones culturales, son atractivas. La violencia, *dice Stephen Neale,* puede tener en el melodrama su lugar importante, pero no como una característica definitiva. La narrativa es siempre un proceso de transformación. Un equilibrio inicial se ve interrumpido por un hecho que altera su orden, orden que vuelve a recomponerse para luego reincidir en la crisis. Esa sucesión de *orden – desorden – orden* requiere de un elemento que irrumpa insistentemente en el destino del héroe/heroína protagonista para que no pueda alcanzar su meta, al menos hasta el capítulo final. De ahí la necesaria obligatoriedad del antagonista, del villano que no tiene límites a la hora de seguir la voz de su propio deseo.

En nuestros territorios latinos, Omar Aladio se presentaba como "el traidor número uno del radioteatro"; en los años '40, después de una función en la ciudad de Avellaneda, cuando encarnaba a *Fachenzo el Maldito*, lo esperaron a la salida del teatro unas diez mujeres del

---

22- Cawelti, John G. "The Study of Literary Formulas". The University of Chicago Press, 1976.

público y lo golpearon tanto que tuvieron que derivarlo al Hospital Fiorito de esa localidad.[23]

Caín, en *Chispazos de Tradición,* fue un malvado tan odiado que Rafael Díaz Gallardo en más de una ocasión salvó el pellejo de milagro, perseguido por un público que no sabía distinguir al personaje de fantasía del actor de carne y hueso. Debido a los interminables y cotidianos insultos telefónicos (que a veces atendía su resignada madre), hasta debió pedir que lo borraran de la guía. Y cuanto más lo odiaba el público, más aumento pedía él. Su contracara era Churrinche, la personificación de la bondad y la alegría, querido por todos y alentado incondicionalmente. El actor Mario Amaya lo encarnaba con verdadero ángel, mezcla de inocencia y picardía.

EL HÉROE

En cambio, el prototipo de galán de los '40 y los '50 era una maravilla de hombre, aunque quizá algo machista para el gusto actual. Los galanes de las típicas radionovelas eran un dechado de virtudes: caballeros, varoniles, y también sensibles y educados.

Una condición del Galán era ser atractivo, y si alguno de los actores no rozaba la perfección ni la simetría, al menos debía poseer cierto carisma que resultara llamativo al público femenino, y exhibir una voz profunda y acaramelada que pudiese ser reconocida por toda la audiencia.

23- El protagonista de *Fachenzo el Maldito,* radioteatro de Santiago Benvenuto, era un anciano bueno y solidario de día, pero brutalmente siniestro por las noches.

Hasta supo haber subclases de galanes: galán joven, galán maduro, galán recio...

Claro está que muchas oyentes, si no conocían por las revistas la imagen de sus sueños, cuando la Compañía del radioteatro en cuestión llegaba al barrio estaban expuestas a sufrir no pocas sorpresas y decepciones a la hora de enfrentar la cruda realidad: el actor hace lo que puede, pero el personaje siempre lo supera.

Tal parece ser el caso del director de cine Woody Allen, que en el film *Días de Radio* cuenta en primera persona que en su niñez, su programa favorito se llamaba *El Vengador Enmascarado*. Creí — dice en *off*— que él era una mezcla de Superman con Cary Grant, pero no sabía que...Lo que no sabía Woody, pero que la escena en pantalla muestra, es que su héroe, imaginado como galán y superhombre, era en realidad un actor bajito y calvo, distante en mucho de dar el *physique du rol* para el papel de Vengador. Lo bien que hacía en enmascararse.

El sonidista Edgardo Fitipaldi recuerda aquellos radioteatros de Radio El Mundo: *era natural que los días feriados se llenase de gente. Gente que venía del interior a ver una audición a las 9 de la noche y ya que estaba en la radio, preguntaba ¿Puedo entrar a ver Los Pérez García? La costumbre era no permitirlo, porque justamente lo que se quería era que la gente no perdiera esa ilusión que tenia con determinados personajes viéndolos cómo eran. Se llevaban cada desilusión que llegaban a decir "yo no lo escucho más, no, yo creí que era otra cosa". La radio es pura y exclusivamente imaginación. Ahí veían que el beso era dado en la mano del sonidista y que el whisky que se tomaba era servido de una botella de agua en un vaso cualquiera. Viendo cómo realmente se hace, se rompe una ilusión. Y la radio no es para romper ilusiones, sino para crearlas.*

En la revista *Radiofilm* de diciembre de 1951, bajo el título "El nuevo galán dará otra fisonomía al radioteatro de Nené Cascallar" se presenta en sociedad a Roberto Durán, mientras aún perduraba el eco de los comentarios producidos por el abandono de Oscar Casco, pareja obligada de Hilda Bernard. Cascallar es entrevistada en su quinta de Adrogué, ultimando detalles de la novela que estrenaría el 2 de enero del '52, y aprovecha para aclarar que Durán no es un reemplazo de Casco, sino una renovación, *la posibilidad de una galería de hombres diferentes*. Y lo que viene después es casi el retrato de Humphrey Bogart:

"Será un galán lacónico, parco, hermético. Trasciende de su voz y su mirada y hasta de sus silencios – que maneja con exquisita habilidad— toda la sugestión de un temperamento de pasiones recónditas, secretas, que no están en la superficie pero que se sienten vibrar en la zona más profunda del hombre. Roberto Durán aporta al radioteatro un elemento de gran atracción sobre el alma femenina: la apasionada indiferencia. (...) La modalidad que hoy incorporo al radioteatro no es la de Casco, no es el hombre dulce, expansivo, lleno de mimos y ternezas. No. Es la atracción fuerte, recia, varonil, como una tiranía subyugante e irresistible sobre la mujer."

El Radioteatro de Nené Cascallar irradió esta novela, titulada "Detrás del silencio" (y con el subtítulo de *La biografía de un corazón sin palabras*) por radio Splendid, a las 22.15 hs. siempre bajo los auspicios de Lever Hnos.

Galanes inolvidables, además de Durán y Casco, fueron Eduardo Rudy, Pedro López Lagar, Fernando Siro, Atilio Marinelli, Guillermo Bredeston, Alberto Argibay, Sergio Malbrán, Ricardo Trillo, Juan José Míguez. Entre muchísimos otros, claro.

EL RELATOR

Dijo Alberto Migré que el relator era a la vez un escenógrafo, un meteorólogo, un arquitecto o un analista. Y que eso no tiene reemplazo en la televisión.

En sus conversaciones con Nora Mazziotti, Migré confiesa: *tuve varios relatores destacados, pero Julio César Barton fue el que más me acompañó; (...) era como un sello.*

En sus noches de darse –y darnos— permiso para imaginar, Migré reunió variados relatores que hicieron lo suyo con solvencia y personalidad: Eduardo Aliverti, Omar Cerasuolo y Quique Pesoa, por nombrar algunos.

En Radio El Mundo, Silvio Augusto Miller fue también uno de los locutores recordados por su extraordinaria voz, uno de los relatores de "Los Pérez García" y "Radio Cine Lux".

Valentín Viloria ingresa formalmente a Radio El Mundo cuando en 1948, Jorge Homar del Río, a la sazón su director, le propone ser el locutor comercial en programas como los de María Concepción César, Héctor y su Jazz,

Los Pérez García; así como en los "Radioteatro Palmolive del Aire" de las 16.30 y 22.05.

Muchas voces reconocidas de los medios han heredado el gen radial de alguno de sus progenitores. Tal el caso de Rina Morán, cuyo padre, José Tresenza, fue otro famoso hombre de radio que integró uno de los tantos elencos de *Chispazos de Tradición* y a fines de los '40 logró un éxito rotundo al protagonizar al detective Peter Fox.

EL CÓMICO

Con la comicidad se plantea quizá el debate de si el cómico nace o se hace. El cómico detenta ese ángel, esa chispa, ese carisma, esa complicidad con la risa del público que es muy difícil de adquirir en las academias o en la sola lectura del libreto. Niní Marshall comenzó a actuar en Radio El Mundo en 1937 en los elencos de la emisora, haciendo de todo: radioteatro y humorísticos. Tomás Simari mantuvo por mucho tiempo audiciones celebradas por los oyentes, que ya mayores hoy, lo recuerdan como si lo hubiesen escuchado ayer (el personaje de Don Jaime, en *La Familia Rampullet*, por ejemplo, o *El agente de la Esquina*, dos libros de Julio A. Burón). Mario Amaya fue *Churrinche* en *Chispazos de Tradición* y como Simari, todavía es recordado con una sonrisa. El humor de entonces era simple, no demasiado sofisticado, basado en las torpezas del personaje y no exento de cierto grado de picardía.

El Bobo y el Héroe tienen características físicas bien definidas en el incosciente colectivo, y jamás el cómico será más apuesto que el muchachito de la película (o del radioteatro, en este caso). Sin embargo, como para demostrar que la excepción confirma la regla, en los años '30 la Perfumería Du Barry presentaba, en su audición *Maldiciones Gitanas*, a Enrique Rando como "el galán del humorismo".

Durante décadas, la radio y el radioteatro fueron el semillero de donde salieron grandes actores y actrices, quienes se fogueaban en su formación frente a los micrófonos y desarrollaban su capacidad de transmitir emociones tan solo con las inflexiones de su voz. Rubén Stella reflexiona sobre la pérdida de espacios para la ficción en las grillas de las emisoras:

"Al perder la radio, los actores hemos perdido la palabra. Y que esto valga también como metáfora. Los actores hemos perdido la palabra al perder la radio. Esto significa que hemos perdido calidad vocal. Se perdió una herramienta expresiva, una herramienta de construcción de imaginación, una herramienta de construcción de ideas muy importante. Porque creo que además, nadie concibe a la ficción como una herramienta de construcción de pensamiento. Se la concibe como un entretenimiento, se la concibe como un negocio, se la concibe como muchas cosas, pero poca gente se da cuenta de la enorme herramienta que significa la ficción."

Testimonios de odios y de amores:

"Yo, de jovencita, encarné a una mala, muy mala. Y un día salí de la radio y un loco con un cuchillo me quiso matar, me lo quería clavar porque yo era la villana, la traicionera, mirá vos lo que era el radioteatro para la gente." (María Concepción César)

"Así como los villanos generaban tanto rechazo, los personajes queribles provocaban la admiración incondicional de los fieles oyentes. Con Carmen Nogueras, de *La Familia de Pancha Rolón,* íbamos a los teatros y el público le regalaba morteros de oro. Porque su personaje tenía una frase que repetía, que era "te vuá dar con la mano del mortero". Lo mismo sucedía con Mercedes Carné. Héctor Bates tenía que pedirle por favor al público que no trajeran tantas medallitas y regalos de oro." (Guido Gorgati)

"Mi papá hacía un villano que se llamaba Racedo, que lo tenía a maltraer al protagonista, hasta que, como era de esperar, el malo moría al final de la obra. En una de las representaciones en un pueblo, cuando matan al personaje de mi papá, se escuchó clarito una voz entre el público que no pudo contenerse y gritó con un profundo sentimiento de justicia: —¡¡Cagaste, Racedo!!" (Lucía, hija de Pablo Racioppi)

"Yo trabajaba en la fábrica. Me acuerdo que cuando terminaba mi horario salía en la bicicleta a todo lo que daba, para llegar a tiempo. En el almacén de la esquina de casa, en Crámer y Ramella, de Bernal, compraba pan y un salamín para comer con el mate y me instalaba al lado de la radio con mi hermano Juan y mi hermana María, a escuchar Fachenzo el Maldito. Una vez, justo cuando iban a matar a Fachenzo, Juan, que estaba sentado en un banco petiso y chiquito se paró de golpe y empezó a gritar: ¡*Matalo, matalo de una vez*! Eso sí: nunca una mala palabra. (Emilse, 72)

"A *Chispazos de Tradición* la fuimos a ver al Cine Rivadavia, de Quilmes, con un matrimonio amigo. La novela duraba no sé cuánto tiempo, pero ahí en el teatro hacían una parte, nomás, y le daban como un final, imaginate que no iban a hacer todo...si era larguísima. Estaban Churrinche y Caín, que era el malo; el que lo hacía era locutor de Radio El Mundo, Gallardo. Yo lo quería tanto a ese muchacho, era amoroso...menudito, era. Bajito. Lo conocí en persona, después de mucho tiempo".[24] (Brenilda, 98)

"A mí me gustaba *Churrinche*. Era un personaje gaucho, como de Corrientes o Entre Ríos. Hacía todas cosas lindas, hacía bien a la gente, ayudaba." (María Elena, 94)

"Tomábamos mate, sentados alrededor del aparato de radio. Era sagrado.Todo en capítulos, y vos con esa ansia de esperar al día siguiente para ver cómo seguirá...cómo seguirá...Te posesionabas tanto que ya ni querías salir para no perderte ni una palabra. A la noche, como mi hermano estaba estudiando, por los años cincuenta, llegaba a casa a eso de las once, entonces mi mamá tejía y yo cosía, esperándolo. No nos perdíamos ni un capítulo. Te enamorabas de Eduardo Rudy por la voz, nomás." (Elina, 86)

24- (Nota de la autora) Se refiere a Rafael Díaz Gallardo.

VI

LA MUJER EN EL RADIOTEATRO

La radio, nacida de la genialidad de unos locos en una azotea, convocó inmediatamente a la voz femenina, a la locutora que no solo daba información sino que se fundía con otros roles: era la madre, la novia, la hermana, la amiga.

Niñas ingenuas, mujeres fatales, las voces femeninas de los radioteatros desplegaron todo un abanico de prototipos. Por suerte, en el último capítulo, la heroína se quedaba con el galán de turno, y el villano que la había asediado durante todo el ciclo, moría o era justamente castigado. Las actrices de los radioteatros en todas su variantes —gauchescos, románticos, de aventuras— cubrieron los roles femeninos en piezas inolvidables.

En 1920 Zulema Zaquierer responde al aviso que buscaba a una "persona con voz clara y fuerte para radiotelefonía", y resulta elegida entre 50 hombres que también aspiraban al puesto. Y en 1927, Edelmira Armengol Roca, bajo el nombre de Tita Armengol, comenzaba su carrera como locutora en Radio Argentina y Radio Prieto. Unos pocos años más tarde, la cantante Tita Galatro se incorpora a *Chispazos de Tradición* en el rol de *Almabruja*.

En los '30, la mujer tiene ya en el éter una participación destacada, tanto en los elencos artísticos como en la conducción. Sobre los 86 programas transmitidos en todas las radioemisoras en un día de 1936, 21 son protagonizados por mujeres exclusivamente. Laura Piccinini de de la

Cárcova (según sus propias memorias, editadas en 1938) se declara la primera y única mujer en el mundo, hasta esa fecha, en dirigir una radiodifusora. Se trataba de LR 10 Radio Cultura de Buenos Aires.

La radio se ha convertido en la gran compañera de las mujeres cuando planchan, cocinan, tejen o remiendan ropa; lugar de encuentro de las amigas y las vecinas que se reúnen inexorablemente a escuchar *la novela.*

En la década siguiente, las voces emblemáticas de la radio serán sin duda Raquel Simari, Mecha Caus —*la actriz de todos los hogares*— , Olga Casares Pearson, Susy Kent, Hilda Bernard, Carmen Valdés, Celia Juárez, Blanca del Prado, Elsa Piuselli. Ellas fueron reinas, mártires, emperatrices, heroínas de la historia universal. Y también encarnaron a la mujer común, sufriente y relegada, que escuchándolas desde desde su hogar, se sentía comprendida en sus anhelos y necesidades.

Crecieron rápidamente en la programación los radioteatros llamados "jaboneros", por ser sus auspiciantes las empresas fabricantes de jabones *para lava*r y *de tocador* (se sabe de una madre que insiste en llamar *Palmolive* a su hijo recién nacido, pero solo logra que el Registro Civil, a regañadientes, le acepte un decoroso y apocopado "Palmo"). Los "jaboneros" suelen ocupar el horario de la siesta (después del almuerzo y hasta antes del regreso de los niños de la escuela), momento en que las amas de casa suelen estar solas y, luego de lavar los platos, pueden dedicarse a soñar y a seguir su radionovela preferida sin interrupciones.

En su evocación del radioteatro, Zelmar Gueñol recuerda a las heroínas y a la magnitud moral que alcanzaban en la idealización popular: *la "muchacha" era obviamente soltera, virgen e inmaculada, para la valoración ético–sexual del oyente de entonces.*

Desde mediados de los años 40 aparece la revista *Intervalo* con melodramáticos folletines cuyo propósito inicial es aproximar la mujer a la historieta, generalmente consumida por los varones. En 1953, en razón del éxito radioteatral de *El león de Francia,* comienza a editar la obra en capítulos; la aceptación de las lectoras es tal, que la revista confirma la idea de seguir por el camino de la adaptación de radioteatros. Mientras tanto, la revista de cinenovelas *Suspiros* promociona concursos como el "Gran Certamen Nacional para elegir la Reina de las Cinenovelas" (¡*Sea estrella junto a Oscar Casco y los más famosos galanes del momento*!) organizados por Los Mosqueteros del Éter.

También en la década del 40, la Gran Pensión "El Campeonato" tenía inquilinos que representaban cada uno a un equipo de fútbol, y todos peleaban por el amor de la hija de Doña Asociación Balompié, la dueña del lugar. El personaje que representaba al equipo que salía campeón era quien finalmente conseguía casarse con la joven. Un premio que hoy se vería, lo menos, como políticamente incorrecto.

En 1943 se constituye la Asociación Gente de Radioteatro, una entidad de carácter gremial. De los diez cargos fundacionales, el 40% lo ocupan mujeres: Nisha Orayen, Julia de Alba (tesorera y protesorera) y Lucía Barausse y Emma Bernal (vocales).

Pocos años después, la mujer se afianza como destinataria del segmento sentimental de la programación, y las producciones comienzan a tener en cuenta no solo su sed de historias de amor sino también sus intereses generales, que pugnan por arrimarse al status masculino después de varias generaciones postergadas. No olvidemos que en esta etapa la mujer logra su derecho al voto y se concientiza como trabajadora, defendiendo sus reivindicaciones obreras. Los micro-radioteatros, de 10 a 15 minutos, historias románticas, de apasionado suspenso, le daban agilidad y variedad a la programación. No quedan dudas de que el destinatario de estas historias es el público femenino, y desde el título se adivinan los contenidos: aparecen "De mujer a mujer", un microprograma de Celia Alcántara, y "Nosotras, las mujeres", de Nené Cascallar. También de Cascallar fueron *Hogar de mujeres*, *Estas cosas de mamá* y *La chica de al lado*.

Las autoras escriben sin descanso, las obras se renuevan mes a mes, año a año, y pueden escucharse radioteatros a toda hora del día, en todas las emisoras del país; mientras Splendid emite el radioteatro *Fronteras del Alma*, de María del Carmen Martínez Payva y "El Radioteatro de Nené Cascallar", en Radio Belgrano destella la Compañía de Yaya Suárez Corvo. Nuevamente por Splendid a las 17 se destaca *Río Manso*, escrito por Queca Herrero. Encabezan el elenco Nidia Reynal y Héctor Coire, bajo la dirección de otra mujer: Milagros de la Vega.

Épocas paradojales, con estrellas glamorosas y heroínas sufrientes, épocas en que, como puntualiza Mabel Loisi, *las actrices iban a la radio con sombrero, guantes, zapatos y cartera haciendo juego*.

Testimonios sobre Hilda Bernard, una actriz emblemática del género, quien solía contar "conmovía que el público nos dijera en los pueblitos que nunca habían visto teatro":

"Hilda Bernard, una voz maravillosa. Cuando trabajé con Hilda, me pareció maravilloso, no podía creerlo. Que a esa mujer que yo escuchaba en mi pueblo, la tuviera sentada al lado mío, haciendo radioteatro con ella, me parecía maravilloso, me pellizcaba, no podía creerlo. Pensaba: la tengo acá al lado mío, qué maravilla." (Aldo Kaiser)

"Mi vieja cosía a máquina y entonces en la tarde cuando se sentaba a coser, la radio la acompañaba y yo hacía la tarea de mi colegio; estando yo en el primario o en el secundario, escuchábamos distintas radionovelas. Y ahí escuché a mi queridísima Hilda Bernard, por ejemplo". (Rubén Stella)

"Me acuerdo de radioteatros muy románticos, Fernando Lamas, Oscar Casco...gente que tenía un ángel especial...Yo la veo ahora a Hilda Bernard y cierro los ojos y la siento como antes..." (Lucía, hija del actor y director Pablo Racioppi)

VII

LOS MAGOS DEL SONOMONTAJE

Esa injusticia, esa aberración de llamarlos técnicos a los técnicos, que yo odio. Porque técnicas tenemos todos. Técnica tiene el actor, técnica tiene el que escribe y técnica tiene el que tiene que poner el sonido como debe ser. Y además la música tiene que entrar de una manera, justa. Es decir que tiene que subir de una manera justa y tiene que bajar de una manera justa. Que me vengan a decir a mí que eso es técnica. No. Todos artistas.

(Ivonne Fournery)

Cuenta Daniel Samoilovich que cuando el folletín murió, el grueso de sus partidarios se pasó al bando del radioteatro. Y continúa:

Hacia 1923 aparece en Buenos Aires el folletín leído por radio, al que se llama radioteatro. En un principio, copia la estructura del folletín: resumen inicial de lo sucedido, desarrollo con un relator y diálogos, final con atisbos de lo que podría suceder en la emisión próxima. La presencia del relator es todavía abusiva, pero pronto comienza a reducirse, a medida que surgen los escritores específicamente radioteatrales. Y aparece un nuevo personaje: el técnico en sonido para radio.

En una entrevista que la Prof. Irene Pérez le hace al autor Alfredo Lima, se especifica la especialización de los sonidistas en la radio: *el sonidista de sala que es el que hace los pasos. Si el artista tiene que venir de una distancia de seis metros hasta el micrófono, no hace él mismo los pasos, porque debe estar atento a la lectura del libro. El sonidista es quien con un micrófono especial camina sobre una madera alargada, produciendo el sonido de pasos que llegan o se alejan.*

La infinita posibilidad de vivir los peligros de la jungla o de recorrer los suntuosos interiores de un palacio estaba dada, entre otros elementos, por la creatividad del sonidista, capaz de hacer galopar un corcel, serpentear un río o desatarse una tempestad con muy pocos recursos, la mayoría de ellos heroicamente simples, cotidianos. Su rapidez, su atención, su justo toque, su infalible entrada, otorgaban credibilidad a la historia, seguida con emoción por los oyentes.

"Cuando empecé (nuevamente*) a trabajar en el '90* —le cuenta a Nora Mazziotti Alberto Migré—, *la profesión había desaparecido. Ni el sonidista atinaba a coordinar las marcaciones, porque el radioteatro tiene un ritmo, una velocidad... Las llamadas de teléfono, los pasos, las puertas, eran falsos; los actores habían olvidado este oficio, las inflexiones, que en radio son mucho más sutiles, los silencios".*

Y continúa el maestro Migré: —*Se inventó la timbrera porque el disco de teléfono era terrible, no se podía seguir escuchando un timbre de teléfono a través de un disco (...) no hay buenos truenos, no se ha grabado una buena lluvia. El sonido de un auto que llega, a veces es infame.*

Para 1936, en su espacio de lunes a sábado a las 18 hs, *Sandokán, El tigre de la Malasia*, una adaptación hecha por Silvia Guerrico incursiona en novedosos efectos especiales. Algunos de los sonidos eran traídos desde EE.UU. en discos de pasta, otros eran producidos artesanalmente (por ejemplo, con tiras de papel se lograba el sonido de los pasos en la selva). *Juanita Sujo y Guillermo Pedemonte eran las primeras figuras del conjunto*, recuerda el libro que Radio Rivadavia editó en 1998 al homenajear sus 40 años de existencia.

En el 40, Radio Prieto ideó, en actitud precursura, grabar los episodios de las novelas en grandes discos de aluminio y acetato para su envío al interior y al exterior, pero Argentores se opuso a tal sistema.

La revista de LRA Radio del Estado, en octubre de 1953, dedica dos páginas a una nota titulada "Secretos del Sonomontaje", acompañada de fotografías en las que se muestran en primeros planos los trucos del sonidista de sala: una grada de cinco escalones para subir y bajar escaleras, tacos de madera en un bastidor para imitar una formación militar en marcha, dos sopapas de goma agitando el agua en un recipiente (la vieja y desmerecida palangana, bah) que se nos figura un mar embravecido, pequeñas e inocentes chapas de metal pendientes de una vara de madera para el combate de espadas heroicas...

Los radioteatros y programas de ficción que se emitían por Radio El Mundo requerían permanentemente efectos especiales en la sala, porque el sonido salía "en vivo" desde el estudio, creando un clima acorde con la acústica de las voces y el relato. Utilizar un efecto pregrabado hacía peligrar en aquellas épocas el pacto de credulidad con el oyente: el disco se delataba a veces por el ruido a púa.

Don Nicolás Catalán inventó aparatos que producían sonidos, como "La máquina de los vientos", una especie de mimeógrafo, con una manija que permitía hacer girar un tambor al que se adosaba papel de lija, que a la fricción producía el efecto de "fuertes vientos huracanados". El arroz cayendo sobre una chapa era la "lluvia". El papel celofán arrugado delante del micrófono produce el efecto de un incendio colosal. Dos cáscaras de coco sobre pedregullo y un par de cascabeles colgando de un dedo del sonidista era el andar acompasado de un carruaje. El pedregullo también servía para el efecto de pisadas sobre el parque. El viejo patín oxidado, al hacerlo rodar presionando sobre la mesa de sonidos, producía el chirrido de la apertura de la puerta tijera del ascensor. Puertas pequeñas, medianas y grandes, para casas, negocios y autos, practicables, con sus manijas, cerraduras y llaves. Timbres de distintas clases, para teléfono, para puerta de calle, chicharras, etc., montados sobre un pequeño gabinete de madera. Si hacía falta descerrajar un disparo, allí estaba Catalán con un revolver de balas de fogueo. Cuando se acababan las balas, el efecto del tiro salía de un golpe seco de una tablilla fina, tipo regla, sobre la mesa de sonidos. Si había que romper vidrios, pues se rompían vidrios. Nicolás Catalán dejó su legado a su hijo, Luis Alberto Catalán y a su sobrino Ernesto Catalán.[25]

Fueron sonidistas de Radio El Mundo Edgardo Fitipaldi y el actor Guido Gorgati, quien también se desempeñó *como compaginador musical.* Gorgati, según sus propias palabras, fue el primer musicalizador que puso un tango como fondo en un radioteatro (la adaptación del film *Barrio Gris*) a pesar de que el director, Armando Discépolo,

---

25- https://issuu.com/jarabito/docs/radio_el_mundo_historia

no estaba muy convencido de semejante osadía. Algo similar le ocurrió a Nolo Gildo (cuya primera obra radiofónica fue "El honrado juez", a la que le siguieron más de 300 títulos) cuando en 1938 en Radio Municipal tuvo la audacia de radioteatralizar tangos pese a la renuencia de su director artístico, Floro Ugarte.

En nota para el diario La Nación, Elisa Caviglione[26] entrevista a Ernesto Catalán[27]:

Para los disparos, un revólver a gas con cargador de balines.
Un bastidor cuadrado con cubos de madera suspendidos con soga, golpeado contra el suelo, recrea la marcha de soldados.
Un cajón de madera, tipo frutal, con papas adentro, que al sacudirlo semeja una manada de caballos.
Una almohadilla de cuero rellena de arena para lograr el efecto de una trompada.
Las tablillas de madera para simular una cachetada.
Una jeringa para reproducir el descorche de una botella.

Otros operadores de sonido que destacaron como verdaderos especialistas fueron Tulio Moretti, Udilio Tignanelli, Silvio Foscaldi, Roberto Prince, Juan Carlos Rocca.

La experiencia de Edgardo Fitipaldi:

"Tuve la ventaja de comenzar en radio de muy chico. Siempre estaba metido en todo, que fue uno de los

---

26- CAVIGLIONE, ELISA. *Época de lágrimas junto al dial,* La Nación, 23 de abril de 1997.
27- Ernesto Catalán falleció en septiembre de 2007.

motivos por los que Nicolás Catalán me pide que lo ayude a hacer sonidos en un programa en el que yo participaba como actor infantil. Era una audición para chicos que iba a las 18.15 en Radio El Mundo, protagonizada por Nelly Raimond, ambientada en la selva y había momentos en que Catalán tenia que hacer ciertos sonidos y necesitaba otros, entonces como vio que yo miraba y me gustaba, me pidió y ahí fue que comencé a ayudarlo. No fue abrupto el ingreso, sino que fue lógico y natural. Yo tendría 14, 15 años. Nosotros teníamos en radio El Mundo una oficina muy grande, rodeados de placares con puertas corredizas dentro de los cuales estaban todos los elementos que podrían necesitarse en una audición de radio. No solo radioteatro sino todas aquellas audiciones que requerían sonidos. En la planta baja estaban los instrumentos grandes. Por ejemplo había un cuadrado en el que se habían colocado unidos por piolín diversos tacos que era con los que se golpeaba y salían los pasos de soldados de un desfile. Baldes de agua, latas, hojalata con la que se hacían los truenos en las audiciones cómicas. Y después estaba la parte superior dividida en dos estantes y en esos dos estantes había todo lo que se pueda imaginar que en una casa no sirve. Todo lo que era basura ahí tenía su ubicación. Llámese platos cachados, platos rotos, cuchillos, tenedores. Teníamos un enorme mueble con la mayor colección de discos de sonidos que existió en el país, y una colección que había comprado Radio El Mundo de la época de los ingleses, de 300 discos de sonido de la BBC. Teníamos la colección francesa de efectos. Nosotros preparábamos todos los discos de sonido que necesitaba el operador, es decir que cuando nosotros íbamos al estudio ya teníamos que haberle dejado en la mesa grande que había en el control central, junto con los discos de compaginación musical que hacia Guido Gorgati, los discos de sonido. Y el operador, con toda responsabilidad, si el radioteatro iba a las 4 y media, cuatro menos diez ya estaba probando todos los discos. Gorgati a los discos los marcaba con un lápiz dermográfico, de manera tal que marcaba un determinado acorde. Entonces el operador ese determinado acorde lo hacía correr, lo retrasaba manualmente, cosa de que en el momento en que era necesario dar un golpe de efecto, lo soltaba y levantaba el mixer y salía justo.

Sobre la bandeja de sal gruesa (que se usaba para pasos en la tierra) llevábamos el teléfono, el cuchillo, las cosas pequeñas. Ya si era más grande teníamos un cajón de madera como el que usan los carpinteros, con una cavidad en V par poner cosas pequeñas. Esos elementos había que retirarlos una vez que terminábamos o llevarlos a otro programa. Cargábamos todas las cosas y mientras iba el Boletín Sintético de Radio El Mundo, corríamos al otro estudio. Teníamos tres o cuatro puertas armadas en pequeña escala, sobre una base con ruedas, como para llevarlas a todos lados, hechas en roble macizo, de unos 80 por 60 cm. La puerta de auto estaba hecha con una manija de heladera de forma tal que cuando uno hacía sonar esa manija era exactamente igual que la manija de un auto cuando se abre."

Testimonios:

"A mí me gustaba ir a las radios, estar ahí. Yo iba a ver a Pepe Iglesias *el Zorro*, a Ubaldo Martínez. Uno los escuchaba en su casa y se imaginaba un mundo, y por ahí resulta que era un tipo solo, y un sonidista que hacía todos los ruidos con tres o cuatro maderitas." (Aldo, 64)

"Yo tenía una tía abuela viviendo en mi casa que murió faltando diez días para cumplir los 104. Y ella escuchaba todas todas las novelas. Y yo estaba siempre ahí sentada escuchando. Y lo que más recuerdo son los pasos, las piedritas cuando estaban paseando los personajes. Después con los libretos de Migré me enteré de que eso era *caminando en la grava*, el nombre técnico. Y el truco era una caja de zapatos, unas piedritas y un coco partido por la mitad. Entonces yo veía las hojas que pisaban en otoño, una maravilla." (Ivonne Fournery)

"Te impactaban mucho las lluvias, las tormentas, los caballos...muy misterioso todo. El viejo Nicolás Catalán, con sus cocos haciendo los cascos de los caballos...un mundo muy especial. Catalán era muy chiquito y tenía como un tablero donde había distintos timbres, algunos sonaban como campanillas, timbres de la puerta de calle, o de las mansiones cuando llamaban a la mucama. Tenían un palo con papel cortado en muchas tiras, que era el papel que se usaba para los libretos en esa época, que era como de seda, papel muy fino, con eso y con el ventilador hacían el viento...y una puerta verdadera de auto montada sobre una tarima. Y Catalán tenía siempre los zapatos con un poco de taco, para hacer los pasos.

Prince o Siciliano trabajaban como operadores los sábados a la noche, en que se transmitían zarzuelas. Entonces estaban los discos grandes, de 78 o 33 rpm, con las canciones. La parte dialogada se hacía en el estudio como un radioteatro, y se intercalaban las partes cantadas. Terminaba el pie dado por el texto, y el operador "enganchaba" la canción. Era impresionante el profesionalismo, porque no estamos hablando de tracks ni computadoras, era a púa y surco nomás el asunto. Había que embocarla justo. Y Siciliano jugaba apuestas, se daba vuelta y ponía la púa en el comienzo de la canción ¡de espaldas! ¡Ay, cómo sufríamos! Yo hacía pequeños papelitos, bolos, ahí en radio Belgrano." (Lucía, hija del actor Pablo Racioppi)

"Para mí el sonido en sala, en ficción radial, es fundamental. De hecho yo uso también mucho digitalizado, el trueno, la lluvia, pero hay muchos efectos que los hago hacer o los dirijo desde la sala porque si no, termina caminando igual la Nora de Ibsen que Doña María de las de Barranco. Y no caminan igual. Y los pesos dramáticos del paso, de la puerta que se abre o se cierra o de la llave, son distintos. No es lo mismo. El que hace sonido en sala tiene que estar consustanciado con el total. Tiene que tener la obra en su cabeza, del mismo modo que la tengo yo, para poder golpear con el efecto en el momento preciso, con la intensidad y con la intención que requiere ese efecto. A mí me parece que el sonidista de sala es un actor fundamental. Y Catalán, a quien Migré hasta le ha pegado con el libreto en la cabeza, era fundamental. Migré era un apasionado para dirigir, y cuando Catalán a veces hacía mal un efecto, acompañaba mal, Alberto cortaba la grabación y discutía, a pesar de que había mucho amor entre ellos, porque se querían muchísimo y trabajaron muchos años juntos. Alberto golpeaba el vidrio de la pecera, parecía que lo iba a partir, porque tenía un anillo y golpeaba con el anillo porque el disparo no salió a tiempo o era un portazo y cerró apenas. Al digitalizar todo repetís muchos efectos, sobre todo los de puertas. Ahora se abren todas iguales."(Víctor Agú)

"Lo mas importante para mí fue encontrar siempre que la radio te hace vivir, te hace soñar y que vos como libretista o guionista podés poner cualquier cosa en la radio, que no podés poner ni en el teatro, ni podés poner en el cine ni en la televisión. ¿Cómo hacés si querés situar a tus personajes en un transatlántico? Te matan por la producción. En cambio en radio escribís *transatlántico* y pones *buuuu,* una sirena y listo. Es maravilloso, un mundo de sueños. La radio es fantasía pura." (Plácido Donato)

"El manejo de la emoción del espectador a través de los sonidos tiene que ver con mi experiencia en el radioteatro. Vendrían a ser las cortinas musicales en el radioteatro, que no tienen que estar sino en el momento justo para que te golpeen. Eso lo "aprehendí" en el radioteatro y se quedó para siempre en mi corazón." (Leonardo Favio, entrevistado por Adriana Schettini)

VIII

LAS GIRAS

Los cómicos somos pájaros de tierra.

Tomás Simari

Periplos que hacían las Compañías de Radioteatro por los caminos de la patria (y a veces hasta de las patrias ajenas, como Uruguay o Chile). Estos recuerdos poseen ciertos ingredientes que, por reiterados, son casi condición *sine qua non* de las giras radioteatrales de esos tiempos.

Haciendo una síntesis, podríamos hablar del estado calamitoso de las rutas, empeorado por inoportunas lluvias y alguna que otra inundación; de la solidaridad y el afecto inmensurables de la gente de los pueblos, que brindaba albergue, comida y obsequios de todo tipo a la *troupe* que arribaba al lugar, y finalmente, todo el rosario de anécdotas entre las que califican en primer término, por risueñas y a veces hasta por increíbles, las reacciones que provocaba en su contra el *villano* de turno. Mabel Loisi, en una publicación de Argentores, afirma: *desde los Podestá, que hacían sus giras en carretas y cavaban zanjas para protegerse de las tormentas y los indios, las giras no cambiaron demasiado.* Y recuerda funciones a pesar de la nieve, y escenas en las que los actores, al hablar, podían ver el vapor de su aliento, a causa del gran frío reinante.

En sus conversaciones con Nora Mazziotti, recopiladas en el libro *Soy como de la familia*, Alberto Migré rememora:

"Teníamos un camión para los decorados, que iban con el maquinista y el ayudante de maquinista. Por lo general también iba el representante de la compañía que llegaba más temprano, llevaba los afiches, cuidaba que todo estuviera medianamente bien y que se pusiera alguna luz. Para el teatro yo escribía una síntesis de la novela radial, de dos horas de duración (...) En el Pueyrredón, de Flores, metimos en una sola función 2300 personas."

Las Compañías más populares ofertaban una programación que incluía temáticas policiales y de misterio, mucho humor y el clásico "Fin de Fiesta" luego de la obra, por lo que, al armar el elenco, se privilegiaba a aquellos actores y actrices que supieran tocar algún instrumento, cantar, bailar, zapatear, recitar, etc. Era muy común que afiches y volantes añadieran, bajo el título de la pieza teatral, en grandes caracteres tipográficos y enmarcadas profusamente por signos de admiración, palabras como: *¡Suspenso! ¡Emoción! ¡Carcajadas! ¡Canciones! ¡Bailes! ¡Tres horas de extraordinario espectáculo!*

TECNOLOGÍA DE PUNTA

En las giras de "La bruja está en el galpón", Julio Montes (el popular Mencho Cirilo) publicita su Compañía de Radio, Cine y Teatro con grandes afiches que explican las bondades de la puesta en escena:

"CON LA NOVEDAD EXCLUSIVA DE PRESENTAR POR PRIMERA VEZ EN LA HISTORIA DEL RADIOTEATRO, CINE Y TEATRO A LA VEZ, PUES AQUELLAS ESCENAS QUE NO PUEDEN SER REPRESENTADAS EN EL ESCENARIO, EL PÚBLICO LAS VERÁ EN PELÍCULA QUE SERÁ PROYECTADA POR UNA INGENIOSA COMBINACIÓN TÉCNICA EN EL TRANSCURSO DE LA OBRA TEATRAL Y QUE FUERON FILMADAS POR CINEMATOGRÁFICA ALCIDES LANA." [28]

Estamos hablando de fines de los años 50, y el autor de la obra era Orlando Cochia, a cargo, además, de la dirección general.

Una muestra representativa de la modalidad y las situaciones que se daban en las salidas de los elencos a los distintos pueblos y ciudades, la dan los recuerdos de la actriz Rudiel Wilde (Dora Rudiel Jones Wilde):

"En el año 1956 fui a Salto uruguayo y formamos una cooperativa con Orlando Cochia, el escritor de *Madelaine Renard, Prisión perpetua, La bruja está en el galpón, Un plomo en el corazón*. Algunas obras, como *La bruja…* ya las habíamos hecho en radios de Capital Federal. Estuvimos un año en Uruguay, y además salíamos por Radio Salto. Recuerdo que en Tacuarembó el actor *característico* mataba al protagonista con unos disparos y se veía la sangre, la pintura roja que el primer actor se reventaba en el pecho. Ya acabada la obra, mientras desarmaban la escenografía, mi esposo y yo fuimos a tomar algo a una especie de bar que había frente al teatro. Un hombre del público, muy compungido y preocupado se nos acercó y por lo bajo le preguntó a mi marido:—*Don ¿y ahora cómo van a hacer con el muert*o?

28- Afiche mural archivo de la autora, gentileza de la actriz Rudiel Wilde.

Hacíamos el *fin de fiesta* con Julio Montes[29], que también bailaba chamamé y tocaba el acordeón. A Isla Verde, provincia de Santa Fe, fuimos cuatro o cinco veces y dimos funciones gratis para los que no habían podido pagar. Llegábamos con lanchas, lo mismo que cuando íbamos a Salto uruguayo. Salíamos de Concordia en dos lanchas; en una iba el decorado y en la otra, nosotros. Eso lo hicimos todo un año. Transmitíamos por radio y después hacíamos las funciones.

Con Lucci y con Cochia siempre teníamos mucha gente esperándonos a la salida de la radio, pero no era tanto como el fervor que sentíamos cuando salíamos de gira por el interior. A veces, llegábamos a los pueblos y parecía que no iba a venir nadie, y cuando a pesar de la decepción ya estábamos a punto de salir a escena empezaba a aparecer público por los cuatro puntos cardinales. Iba llegando la gente, se llenaba de caballos, sulkys, camionetas. Traían de regalo huevos, pollos. Una vez una señora me abrazó y me regaló una gallina. Eran cosas simples, pero con cariño. La verdad es que eran con mucho cariño. No sucedía lo mismo con el villano de la obra: generalmente esperaban al actor a la salida para pegarle e insultarlo.

Actuamos también en un frigorífico de Chajarí (Entre Ríos) que tenía un modesto salón de actos, nos esperaron con asado, en un asador redondo de ladrillos, alto, y arriba las brasas y una rejilla con la carne. Cuando llegamos pensamos que iba a ser todo un fracaso, porque solamente estaban los paisanos que hacían el asado. Pero a la hora de la función empezaron a llegar sulkies, gente de a caballo...En Entre Ríos nunca nos fue mal, nos cruzábamos a Salto (Uruguay) a hacer la obra que antes

---

29- Conocido como *el Mencho Cirilo.*

habíamos transmitido por radio. A veces el escenario se armaba entre los árboles, nomás. En Santa Fe también hacíamos radioteatro y una vez vino una señora, una oyente, a mostrarme a su hijita recién nacida. Le había puesto de nombre Rudiel, por mí. Eso me emocionó mucho, mucho."

Más testimonios sobre radioteatros,
pueblos y caminos:

La autora y actriz Mabel Loisi también recuerda sus giras por el país, no exentas de incidentes y sorpresas: "Cuando hicimos la historia de El Caserón del Vampiro, encargamos al escenográfo un gran ataúd, cuya tapa tenía el dibujo del vampiro. Íbamos con un micro que no puedo decirte el estado en el que estaba... y en el camino perdimos la tapa del cajón. El director se preocupaba porque no teníamos la tapa y yo me preocupaba porque pensaba: los que estén en el campo y vean una enorme tapa de sarcófago con un vampiro, se van a asustar. Hay una infinidad de cosas que pasan en las giras, todos los días es una anécdota. Pero todo era grato. No había malos momentos, había un gran compañerismo. De pronto preguntábamos ¿dónde nos cambiamos? –Acá. Y acá era el gallinero. Una vez en San Rafael, Mendoza, no podíamos llegar porque había nevado. Pero el teatro estaba lleno. La gente había ido con mantas, con sillas. Así que dijimos: bueno, de alguna manera hay que llegar."

"Yo vivía en un pueblo muy chico y escuchar radio era difícil, perdías la conexión si había viento o si se cortaba la luz, cosa que era muy frecuente. En las radios locales no había ficción. Tomé contacto con el radioteatro cuando llegaba el circo a mi pueblo, que se llama Hersilia, en la provincia de Santa Fe. Las Compañías de radioteatro, como la de Jaime Kloner, actuaban en esos circos. Y era sumamente interesante ver la propuesta radial llevada al teatro y dentro del espectáculo circense. Ahí es la primera vez que tomo contacto con la ficción radial, yo cerraba los ojos por momentos, e imaginaba eso que estaba oyendo, como si lo estuviera viendo." (Víctor Agú)

En muchas ocasiones, para abaratar los gastos inherentes al traslado, las Compañías viajaban con los responsables de los papeles protagónicos y con los *secundarios* más importantes, y convocaban a los *vocacionales* locales para completar los roles menores en el elenco. Estas oportunidades eran siempre bien recibidas y aprovechadas por los artistas regionales porque podían contabilizar en su haber la experiencia de trabajar con los "grandes", con los "famosos" de la radio y el teatro. No todos, claro, salían airosos o ilesos de estas participaciones:

"Allá por el veintipico y un poco más, todavía había circos criollos dando vueltas por Bernal, como el de Adalberto Campos. Mayormente tenían payasos y trapecistas y daban obras como de teatro. Yo apenas me acuerdo, era muy chico, tengo una visión así como de un sueño, de haber estado en el circo con mi mamá, mi papá y el finado Ferro, que era uno de los pocos vecinos que teníamos, porque en esa época por acá era todo campo y quintas, y había una casita acá y otra por allá lejos. Eran circos medio pobres, tenían malabaristas y eso, pero nada de fieras, no les daba la economía para mantener animales como tenían los grandes circos. Incluso cuando hacían obras de teatro a los extras los contrataban en la zona misma, para no encarecer los costos.

Mi finado tío Pancho trabajó en el circo criollo. Se ve que tenía vocación de artista, incluso mi mamá decía que había llegado a trabajar con Evita. Pero la cosa le duró poco, porque una vez cuando estaban haciendo Juan Moreira le tocó hacer de soldado y lo mataban, entonces unos paisanotes lo tenían que tirar junto a otros *muertos* en un carro que había y cayó tan mal que se fisuró una costilla. Nunca más volvió al circo criollo ni a ninguna otra actuación" (Juan Pedro, 80 años).

IX

EL TEATRO POR RADIO: LAS DOS CARÁTULAS, EL CARRITO DE TESPIS Y EL TINGLADO DEL ISER

A riesgo de ser demasiados puntillosos, estableceremos una diferencia entre el radioteatro propiamente dicho, el clásico, aquel de 22 capítulos, sucesivos "ganchos" para atrapar al oyente y características inherentes al melodrama, y aquel que no es sino *teatro por radio*, es decir, transmisiones desde los mismos escenarios en que se estaba interpretando la obra, o textos dramáticos adaptados a su versión radial. En la mayoría de los casos, estas adaptaciones reciben el formato de unitario, es decir, comienzan y concluyen en la misma audición, probablemente al cabo de media o una hora, modo que también se extendió al comúnmente llamado Radiocine, argumentos de películas de renombre reescritas en clave de radioteatro. Sintetizando: el radioteatro es una obra que nace para ser escuchada, y su escritura tiene particularidades que le son inherentes, formas de narrar, de dialogar, de estructurar, de crear tensión, planos, estilos, del mismo modo que también tienen su técnica específica la escritura del guión de televisión, de cine y la dramaturgia misma. En cambio, el teatro por radio o teatro radiofónico, es una obra que fue gestada para ser representada en un escenario, y a la que adaptamos agregándole apenas un escueto Relator que comente las didascalias o aquella información útil al oyente que los personajes no pueden dar. Muchas veces, en la actualidad, se llama radioteatro a producciones que son solo una voz leyendo un cuento o un relato, con algo de música de fondo y algún efecto. Leer y contar lo que les sucede a los personajes no constituye un radioteatro.

Las Dos Carátulas, el Teatro de la Humanidad, entonces, es precisamente teatro radiofónico. Se inauguró el 9 de julio de 1950 en Radio del Estado con la obra "Canción de Primavera", comedia del autor Maturana, y su repertorio ha abarcado desde entonces un amplísimo espectro de la dramaturgia universal. Una nota aparecida en la revista de LRA Radio del Estado en diciembre de 1953 define las características del *teatro por radio* de este modo: "En la versión radiofónica de una pieza teatral, los recursos expresivos se reducen únicamente a la palabra, con el auxilio de sus fieles colaboradores: la música y los efectos del sonomontaje. Ni el gesto, ni el ademán, ni la figura de los comediantes, ni los decorados, ni la tramoya, ni las luces pueden ser utilizados por la radio. Todo eso le está vedado. Solo se dispone de la voz, la voz únicamente, con su variedad de timbres y modulaciones, para traducir la gama infinita de las pasiones y los pensamientos que agitan a los personajes..."

Se componía de distintos grupos, según el estilo de teatro a interpretar: el elenco *del Corral* cultivaba el teatro español; el grupo *De la Sirena* se dedicaba a la dramaturgia universal; el de *la Ranchería,* a las expresiones de la escena nacional. El elenco de América, contaba entre sus artistas a Nora Massi (actualmente directora de Las Dos Carátulas en Radio Nacional), Carlos Carella e Idelma Carlo.

Entre otros nombres que figuran en los distintos elencos de comienzos de Las Dos Carátulas podemos recordar:

Luis Tasca, Juan José Edelman, Eugenio Filipelli, Violeta Antier, Blanca Lagrotta, Eva Dongé, Dora Prince (La Sirena); Rubén Pittaluga, Ricardo Bosch, María del Pilar Lebrón (del Corral). Muchos actores y actrices participaban en más de un grupo. Más cerca de los 70s, el elenco estaba conformado por Haydée Lesquer, Eber Latanzzio, Rodolfo Caraballo, Susana Sisto, Edith Gaute, José Antonio Esperanza, Claudia Durán, Daniel Ferrara, Marta Olivan, Raúl Tedeschi, Inés Mariscal, Romualdo Albas, Cecilia Gispert, Enrique Conlazo, Ricardo Cingolani, Enrique Pagani, Chita Foras, Walter Pérez, Alejandra Targa, Norma Agüero, Oscar Silva, Noemí Deis y Ricardo Bosch. Dirigían: Eugenia De Oro, Teobaldo Mari, Adalberto Cuomo, Juan Alberto Domínguez y María del Pilar Lebrón.

Alfredo Alcón, Ernesto Bianco, Delia Garcés, María Luisa Robledo y María Rosa Gallo, entre otros, se sumaron como invitados prestigiando aún más el ciclo.

El reconocido crítico e investigador Luis Ordaz cita un fragmento de la publicación oficial de Radio del Estado, sin firma, al celebrarse en 1970 el 20° aniversario de Las Dos Carátulas:

Hay pueblos enteros nuestros que, por su situación geográfica, solo tienen la oportunidad de ver y escuchar una obra teatral cuando llega hasta ellos alguna compañía de actores en gira por el interior del país; pero hay muchos más que carecen de toda posibilidad de saber qué es el teatro. Las Dos Carátulas se constituye —en estos lugares— en el único medio, la única forma de acercar a los lejanos oyentes a la caudalosa fuente de conocimientos que es el teatro, familiarizándolos con autores, géneros, estilos de vida, escuelas literarias y caracteres dramáticos.

Actores y actrices de Las Dos Carátulas, entrevistados por el CIC, Centro de Investigación Cinematográfica en el documental titulado *"Radioteatro, una pasión de multitudes"*, comentan acerca del trabajo en ese elenco. Las palabras de Carlos Romero Franco y las de Miryam Strat apuntan sobre todo a la versatilidad que impone en el intérprete la variación de estilos y personajes. *"Cada semana—* dice Romero— *se hace un género distinto. Entonces a mí eso me permite hacer una gran variedad de personajes, de pronto un gaucho un lunes, un hombre del 2004 al lunes siguiente, y al otro, un príncipe. O un personaje agresivo, un villano, y al lunes siguiente un tierno."* Strat coincide: *"—prácticamente todos los actores de renombre pasaron por Las Dos Carátulas. Era un trampolín, acá el actor adquiría herramientas genuinas, porque se transitaban todos los autores, nacionales y extranjeros. Hoy se ensaya los sábados por la tarde y se graba con público los lunes."*

El *Tinglado del ISER* también tuvo diferentes elencos, entre los cuales podemos distinguir los llamados *Siripo*, bajo la dirección de Alberto Vaccarezza hijo (quien tenía a su cargo también el Elenco Vocacional de Radio del Estado), *Los juglares de Maese Pedro*, bajo la dirección de Juan José Iñurri, o el *Epidauro* y el denominado *Las Carabelas*, ambos guiados por Néstor Nocera.

Por otra parte, *El Carrito de Tespis*[30] tenía como destinatarios a los menores, para cuyo entretenimiento y formación se había constituido el Elenco de Teatro Radiofónico

---

30- La tradición atribuye a Tespis, en 534 AC la primera representación trágica compuesta para las Grandes Dionisíacas de Atenas. Se cuenta que Solón, escandalizado por la puesta, increpó duramente al autor, que se vio obligado a alejarse de Atenas y dar sus espectáculos por los pueblos del Ática sobre un escenario móvil provisto de ruedas: el carro de Tespis.

Infantil de Radio del Estado, como detalla el capítulo concerniente a los ciclos de radioteatro para niños.

Testimonios:

Susana Sisto, una locutora todo terreno, con una voz dúctil y fresca para encarnar personajes variadísimos que incluyen el cine de animación y las publicidades, nos cuenta acerca de sus más de veinte años en el elenco estable de Radio Nacional:

—Empecé como "bolista" y para el año 1960 ya integraba los distintos elencos de Radio del Estado, sobre todo el infantil (El Carrito de Tespis) por mi facilidad para hacer voces de animales y niños. Se trabajaba de domingo a domingo, con los jueves de franco, en varias obras al mismo tiempo. Y no solamente en los elencos estables: también había programas del Ministerio de Educación, por ejemplo "Radio Escuela", que salía a las 15 hs. con contenidos de las distintas materias de los diferentes años: castellano, geografía, historia. Para estos programas se hacían dramatizaciones, o sea que trabajaba desde las 15 hasta las 24 hs.

Después estaba el espacio creado por Noemí Paz, con entrevistas dramatizadas a personajes de la historia y la literatura. Con ella recuerdo haber interpretado, entre otras, a Sor Juana Inés de la Cruz.

También por la noche se ponía en el aire el radioteatro que escribía el profesor Delfín Leocadio Garaza, un hombre muy instruido y enciclopédico, que narraba historias de fantasmas. En los elencos estables estuve desde el

60 hasta el año 1983, en que mis obligaciones televisivas se hicieron incompatibles con la dedicación horaria que exigía la radio.

Testimonio de la actriz y locutora Inés Mariscal:

"En Carátulas estuve muchos años. Se entraba por concurso. Un concurso muy fuerte, muy difícil. Y luego teníamos que ir de lunes a domingo prácticamente, íbamos de cinco y media de la tarde a doce de la noche. Todos los días, inmenso el trabajo. Y eso fue la máxima formación. Vos imaginate que en la cantidad de años que yo estuve ahí, tuve que leer muchísimo teatro. Primero porque tenía que interpretar mis personajes y segundo porque era lo que yo amaba".

X

LOS RADIOTEATROS INFANTILES, CON NIÑOS Y PARA NIÑOS

Según algunas versiones, el primer personaje infantil que surgió fue *El pibe Minguito*, creado por Tomás Simari, que inició su programa en 1925 por la entonces Radio Nacional. Luego, a partir de 1927, Federico Mansilla obtiene un gran éxito con su personaje *El Abuelito*, y le llegan regalos del público como sucederá luego con las estrellas del radioteatro.[31] Transmitía caracterizado y con público desde un estudio de radio con escenografía teatral.

Recién en los años treinta llegarían ciclos más elaborados, como *La pandilla Marilyn* (1936) en la que se iniciaron muchísimos actores y autores que luego alcanzarían renombre, y *Burton, el motociclista* (1937).

La Pandilla Marilyn fue creada por Francisca Florencia Martínez Marqués de Faig, autora y directora (Madrid, 1892 – Bs. As., 1965) el 1° de septiembre de 1930. Integrada por niños, se inician en la Pandilla muchos actores y autores de largas carreras como Omar Aladio, Guido Gorgati, Alberto Migré, Pepe Novoa, Nelly Prince, Raúl Rossi, Beatriz Taibo. El ciclo sigue en actividad hasta 1951 y luego su fundadora pasa a dirigir una Compañía de adolescentes.

Otro semillero de actores y actrices fueron los elencos de Salvador del Priore, más conocido como *Juancho*, quien

---

31- SEIBEL, Beatriz. HISTORIA DEL TEATRO ARGENTINO, p.692.

debutó a los 17 años en mayo de 1926 en LOQ Radio Buenos Aires recitando versos criollos. Luego fundó su teatro infantil que se prolongó más de treinta años en radio, al que también ingresaron figuras que serían parte de nuestro acervo radial y teatral: Juan Carlos Altavista, Luis Brandoni, Edgardo Fitipaldi, Emilio Comte, nuevamente Alberto Migré y muchos otros.

Un tercer grupo de niños actores fue el del Teatro Infantil Lavardén, cuyo cuerpo docente estaba integrado por figuras de la talla de Alfonsina Storni. Pasaron por sus escenarios: Augusto Fernandes, Juan Carlos Altavista, Guido Gorgati, Bertha Moss, Carlos Estrada, entre otros.

El real auge del radioteatro infantil llegaría en la década del 50, con *Tarzán de la selva*. La novela de Edgar Rice Burroughs ya había sido adaptada para Radio Porteña en 1937, aunque sin mucha repercusión. La nueva versión marcaría las tardes infantiles por Radio Splendid, interpretada por César Llanos (Tarzán), Mabel Landó (Juana, también encarnada por Aurora Delmar), Alfredo Navarrise (el profesor Philander), Miguel Banni (el profesor D´Arnot), Carlos Dusso (el indio Wali) y Oscar Rovito (Tarzanito).

En 1952 Oscar Rovito fue elegido a través de un concurso que bajo el lema "Buscando al Tarzanito argentino" organizó la revista infantil Billiken. Su actuación como hijo de Tarzán le dio una rápida popularidad y originó que le llegaran ofertas para trabajar en cine primero y en televisión luego.

Casi setenta años después, el reconocido actor nos cuenta los entretelones de su glorioso debut profesional:

Elenco de *Tarzán*, gentileza del actor Oscar Rovito (Tarzanito)

"Se hacía un ensayo previo de mesa, otro ensayo con efectos de sonido y planos y se salía al aire a las 18 en punto, en vivo. El director era Jorge Rey, quien hizo las adaptaciones de los primeros libretos que venían de EEUU. Luego ya con el éxito del programa se empezaron a escribir las historias acá.

Indudablemente mi vida cambió 180°. De ser un niño que vivía en Paso del Rey, en Buenos Aires, pasé a vivir un éxito que incluyó propuestas de cine y televisión y de otros programas de radio a los que iba invitado. Esto, indudablemente, para un chico de 12 o 13 años puede ser peligroso, si no fuera porque en mi caso tuve unos padres muy cuidadosos que no permitieron que yo me "enfermara" de importancia o que me creyera mejor que los demás chicos.

Mi contacto con el público era extraordinario. Para empezar, todos los días a la salida de la radio nos encontrábamos con infinidad de chicos que venían con sus padres a conocer al elenco, a que les firmáramos autógrafos y les regaláramos una foto a color con todos los personajes. Recibía tantas cartas…tantísimas…y las fui contestando una por una, porque mi papá me hizo contestar a todos. El éxito de la serie provocó la creación de clubes "Tarzanito" en todo el país.

Era un programa que llevaba efectos de sonido ambiente, por la selva. Tengo presente a Martín Clutet, director de televisión, responsable de los efectos desde el Control; en los efectos de sala estaba Nicolás Catalán, quien para dar la sensación de que caminábamos entre el follaje de la jungla se había fabricado un plumero de tiras de papel con un palo. Los pasos en la arena, cuando estábamos en la playa, se hacían en una cajita de madera conteniendo sal gruesa y dos mitades de coco para simular las pisadas.

El desfile del Día de la Primavera en la Av. Santa Fe fue extraordinario, increíble. Desde Callao hasta Plaza San Martín, pusimos horas en hacer ese trayecto, tal era la aglomeración de gente que se había acercado para vernos. Nosotros desfilábamos en unos jeeps con las vestimentas de Tarzán, incluso se habían contratado unos negros y se habían decorado los jeeps con pieles de animales salvajes, toda una puesta en escena. Fue tan importante la convocatoria de público, que dicen que mereció un comentario del Gral. Perón: ¡Che, pero éstos de Tarzán juntan más gente que yo!

Hoy en día me ocurre que gente mayor me reconoce y me vuelve a llamar Tarzanito; por ahí van con el nieto de la mano y le dicen: *ese señor era Tarzanito* y los chicos lo miran como diciendo "el abuelo está loco".

Lo actoral se despertó definitivamente con el acceso al programa de Tarzán, yo traía de chiquito cierta inclinación, me vestían de gauchito para los carnavales: los vecinos se reunían en las veredas, yo no solo salía a mostrar mi disfraz sino que además les recitaba poesías gauchescas."

Alberto Migré, en sus conversaciones con Nora Mazziotti, recuerda su infancia como actor: "Yo era un mocoso, tenía siete, ocho años, cuando iba a las pandillas de Juancho y Marilyn, pero Juancho fue el hombre que realmente me hizo descubrir varias cosas, porque nos largaba a trabajar solos."

Otro radioteatro dirigido al público pequeño (y no tanto) fueron las aventuras de *Poncho Negro*, un jinete enmascarado dedicado a hacer el bien junto a Satán, su corcel, y a su fiel compañero indio, Calunga. Poncho Negro era una suerte de Llanero Solitario y comenzaba su audición con un jingle que decía más o menos así: *aquí llega Poncho Negro, el jinete más auténtico y más audaz.* La oferta

Cartulina en color promocionando a Enrique Del Cerro en El Capitán Rebelde. Del Cerro también fue la voz de *Sandokán* (archivo de la autora).

se completaba con *Sandokán* y sus tigrecitos al aborda-
je (protagonizado por Enrique del Cerro, quien también
encarnó a otro personaje de aventuras como El Capitán
Rebelde), con historias de superhéroes como *Super Hombre* y *Batman*; y westerns como *Buffalo Bill*. Batman, en
1950 y por Radio del Estado, fue el primer radioteatro en
el mundo sobre el hombre murciélago, protagonizado por
Carlos Carella y con Ricardo Bosch en el papel de Robin. Carella encarnó en radio también a un héroe del cine
mudo: el vaquero Tom Mix.

Carlos Carella (izq.) y Ricardo Bosch como *Batman y Robin,*
radioteatro emitido en 1950 por Radio del Estado.

Por su parte, LRA Radio del Estado tenía un elenco de
adultos especializado en obras destinadas al público infantil, interpretadas en el espacio titulado "El carrito de Tespis,
un teatro para los niños", que salía al aire los sábados a las
17 hs. No podríamos contabilizarlo como radioteatros en
sí, sino más bien como "teatro por radio" (al estilo de Las
Dos Carátulas, pero para los pequeños). Algunas de estas
representaciones fueron, a principios de los 50: "Heidi", de

Juana Spyri y "La niña del mar" de Lola T. de Lesquerre. Leyendas y mitos fueron adaptados por autores locales, como es el caso de "Wally Dad", cuento hindú o "Tres deseos" leyenda irlandesa, ambas adaptaciones de Herminia Avellaneda.

Memorias de una Cincuentona, de Lilian Lozano, seleccionada en un concurso de la revista "Todo es Historia" cuenta su niñez en la ciudad de Bahía Blanca y otorga un especial recuerdo a la ficción radial. Alguien de la familia escribió por ella una carta a Radio Splendid para el Rey de la Selva y... ¡Tarzán le contestó!:

"Habla Tarzán!! He recibido tu mensaje y según tu cariñoso pedido, te envío mi fotografía firmada. Espero que mis aventuras sean para ti fuente de distracción y ejemplo para tu conducta. Es cierto que mi fuerza es prodigiosa, que mi destreza y agilidad no tienen rival, y que a nada temo en el mundo, pero también es cierto que solo utilizo mi poder en defensa del débil o en presencia de mortales peligros. Por eso Tarzán te pide que tu nobleza de corazón sea tu mayor virtud y asimismo, que seas obediente, cumpliendo con tus queridos padres y maestros. Te saluda cariñosamente, Tarzán, César Llanos."

Testimonios:

"Desde 1947 a 1950, más o menos, pertenecí al elenco de Juancho. Actuábamos en festivales, en clubes, pero también íbamos mucho a los hospitales, sobre todo donde había niños, como el San Juan de Dios de Ciudadela. Eso me conmovía, yo tenía alrededor de diez años y mi madre me decía que tenía que agradecer estar sano y poder caminar. Hacíamos fragmentos de obras de teatro, se recitaban poemas, había un chico que tocaba el bandoneón y terminábamos siempre con un cuadro folklórico, malambo incluido." (Emilio Comte, en su niñez también actor de *Los Pérez García*)

"Había un programa, El Abuelito, encarnado por un actor llamado Mansilla. Era chica yo, y siempre quería escucharlo. Mamá un día le mandó una carta sin que yo supiera, porque él te nombraba y decía por ejemplo *hoy la niñita Tal cumple* años, y el elenco le cantaba el *feliz cumpleaños*. Mamá nunca me dijo que había escrito, y un día escuché, justamente: *hoy la niñita María Concepción Cesarano cumple años, le mando un beso grande y esta canción*. Creí que moría de la emoción. (María Concepción César)

"En mis vacaciones de invierno, como yo era muy travieso, a papá se le ocurrió dejarme en Radio El Mundo, donde tenía un amigo. Yo veía El Relámpago, que era una audición que permitía público, me sentaba en el Control y escuchaba los radioteatros. Un día un señor me tomó una prueba (yo tenía 10 años) porque necesitaban urgente una voz infantil. Como pude leer de corrido, me dieron el papel. Ese hombre que me probó en la radio era nada menos que Armando Discépolo. Con la autorización de papá, empiezo en la novela de Susy Kent y Mario De Rosa, y seguí hasta terminar la primaria. Retomé cuando acabé el secundario, y trabajé con todos, en los Pérez García, con Blanquita Santos y Héctor Maselli, y en Radio Cine Lux." (Miguel Jordán)

XI

LOS APARATOS DE RADIO: GALENAS, VÁLVULAS Y TRANSISTORES

A galena en un principio, funcionando a válvulas después, la radio tuvo su gran innovación en el año 1956, cuando los transistores (creados en 1948) la encerraron en un aparato más liviano y pequeño, y por lo tanto, transportable. La marca japonesa Spica se impuso sobre todas las otras en el mercado, un mercado que desde sus inicios soportó la constante demanda de los usuarios: instaurada la radio en la Argentina en 1920, tres años después ya funcionaban en el país 60 mil receptores.

GALENA

En los primeros años los pocos receptores existentes eran de los llamados "detector de cristal", denominación bajo la que se agrupaban tres tipos: carborundum, galena y molibdeno. Finalmente los más difundidos resultaron ser los de galena, que acabaron por dar nombre a los primigenios aparatos de radio. Un alambre fino conocido comúnmente como "bigote de gato" (que G.W. Pickard había patentado en 1906) hacía contacto con el cristal semiconductor.

Mientras tanto, y según cuenta Pablo Osvaldo Valle, para mediados del '20 se usaban en las emisoras unos micrófonos Telefunken muy sensibles, con granitos de carbón adentro: "había que hablar con mucho cuidado para no provocar un desprendimiento de los carbones." Valle por entonces tenía lo que hoy llamaríamos un microemprendimiento: armaba radios a galena y las vendía a los vecinos del barrio de Palermo y a sus compañeros de la Facultad de Medicina[32] (a los 17 años ya cursaba el segundo año).

El crecimiento de la cantidad de hogares con receptores y de emisoras de radio transmitiendo arroja estos números:

1920: 1 emisora – 50 aparatos receptores

1922: 3 emisoras

1923: 5 emisoras en Capital y 60.000 receptores

1924: 7 emisoras en Capital Federal y 3 en el interior

1925: 125.000 aparatos

1928: 23 estaciones en Capital y 16 en el interior.

1935: 600.000 aparatos

1945: casi 3 millones de receptores

1950: un aparato por vivienda o 1 cada 10 personas, proporciones que se mantenían parejas en casi todas las provincias.

32- BRAVO, Enrique. *Señoras y Señores...la radio está en el aire.*

Publicidad de Condal, revista Caras y Caretas,
11 de septiembre 1937 (archivo de la autora).

El locutor Quique Pesoa recordaba así en su programa *Doble Click*, por Canal 7, su experiencia personal con las transmisiones radiales: "Yo me crié en el campo, en Sanford. Y en los campos hay galpones. El portón del galpón grande de la casa donde vivíamos era de chapa de zinc, corredizo, y cuando ibas a cerrarlo, antes de que se cerrase, unos ochenta centímetros antes, vos escuchabas radio. Se escuchaba LT3, Radio Cerealista de Rosario. La puerta del galpón servía de sintonizador, de antena y de amplificador. Claro, como radio era un poco incómoda. En realidad, en aquellos tiempos se escuchaba radio con cualquier cosa. La radio de galena se escuchaba porque sí, como la puerta del galpón de mi casa. Sintonizarla era un poco azaroso. Mi viejo me contaba que cuando no tenían la piedrita de galena, ponían un cacho de papa, y la radio funcionaba igual."

Testimonio de una oyente de la primera hora:

"Yo me casé el 26 de diciembre de 1925 y ahí nomás mi marido compró la radio para que escucháramos. Era a galena, arriba de una madera, con un aparatito con una piedrita de colores, brillante, como laminada. Y usted se ponía los *teléfonos* en los oídos, una sola persona podía escuchar, nomás.¡Ah, era una cosa! ¡Mamma mía! A mi finado padrino, que tenía como setenta y cinco años en 1925, se la hicimos escuchar y no quería saber nada: —*¡Arte del diablo, esto!*— dijo. Era italiano y nunca había visto una radio. Después del '30 compramos la de válvulas." (Elena Seri, 94)

VÁLVULAS

Las empresas importadoras de receptores no escatimaban gastos a la hora de ganar clientes. Ya en los años treinta se pueden ver publicidades de página completa en la revista Caras y Caretas: baste como ejemplo ésta de

Radio Atwater Kent *en gabinetes Pooley con alto parlante interno a cono flotante, modelo 30, de seis válvulas. Cuando usted lo quiera* —rezaba el anuncio— *teatro, música, canto, conferencias, discursos...todo lo tendrá a sus órdenes con este receptor de un solo control. Su pureza y su volumen le impresionarán como si asistiera personalmente a tales actos...*

Ernesto Goldar describe la radio de los años cincuenta como *un aparato con mueble lustrado, un cajoncito con tres botones, parlante delantero, dial luminoso y aguja giratoria. Tiene un cable para enchufar y otro, dejado caer, que le sirve de antena. Hay cientos de miles de receptores y todavía pueden verse los clásicos modelos de los primeros tiempos en forma de capilla.*

La revista Leoplán, autotitulada *Magazine Popular Argentino*, muestra generosos avisos publicitarios de Grandes Establecimientos Condal, que anuncian su nueva línea de receptores 1947. El texto apela a la novedad de los productos que "como es tradicional, representan la expresión más acabada de la técnica radiofónica moderna".

Testimonios:

"Así era mi casa, con un gran patio de granito rojo y una cocina pequeña pero en la que cabía un mundo. Uno, que medía cuarenta por veinticinco, más o menos. Con frente bombé, con tela de tapicería y unas perillas color caramelo. Era nuestra radio. Podrán venir el siglo y el milenio nuevos, la Internet nos envolverá, pero el hombre siempre necesitará la voz del otro aunque sea detrás de un aparato. ¿Quién dijo que el mundo es redondo? Para mí es cuadrado, bombé, con tela de tapicería y perillas color caramelo..." (Delia Patané, 59)

Al sur de nuestro país, un referente de la radio y la televisión chubutense, Marcos Zulián, recuerda lo azaroso de aquellas transmisiones:

"En Chubut, con la puesta del sol, comenzaban lentamente a escucharse las ondas largas de Splendid, Nacional, Belgrano, El Mundo, Excelsior y Porteña. Mi padre se lo pasaba colgando y descolgando antenas para poder seguir a lo largo de toda la jornada las alternativas de las competencias automovilísticas con los relatos de don Luis Elías Sojit. Con mucha paciencia, trataba de buscar en la *Philco* a válvulas con forma de capilla, una de las ondas cortas de Radio Splendid, de esta manera se aseguraba también escuchar con relativa claridad, después de la siesta dominguera, el relato del fútbol profesional. Ya entrada la noche, la propagación se asentaba y las emisoras porteñas se escuchaban como si fueran locales. Con el amanecer, las ondas se retiraban y todo volvía a quedar en silencio."

TRANSISTORES

Recién a fines de los años '50 se difunde la radio a transistores. *La radio a transistores no es un artefacto para la familia: se entiende con el solitario que la cuida y pasa el día con ella; es la "cantora" según la jerga presidiaria. El nuevo modelo es manuable, fácil de llevar, placentero, algo que a poco de usarlo se transforma en personal, como si estuviese incorporado al que lo tiene pegado al oído.* [33]

Testimonio:

"La radio es un medio que está pensado para que uno lo escuche en soledad, en la almohada, en el auto, caminando por la calle, en la cocina tomando mate. Y ese secreto que tiene, ese secreto entre dos que tiene la radio, es lo que la hace diferente. Y aún hoy, lo que la hace más atractiva. Yo no quiero decir que sea mejor o peor. Para mí, tiene algo más entrañable, algo que nunca va a tener otro medio de comunicación". (Leonardo Coire, hijo del actor y locutor Héctor Coire)

33- GOLDAR, Ernesto. VIDA COTIDIANA EN LA DÉCADA DEL 50.

XII

EL RADIOTEATRO EN LAS PUBLICACIONES PERIÓDICAS

Por la década del 30 nacieron las revistas dedicadas exclusivamente al mundo radial como Radiolandia, Antena y Sintonía, las cuales ofrecían amplia información sobre las distintas emisoras, entretelones de la vida diaria de las estrellas del broadcasting[34], programación semanal, furcios y hasta consejos para optimizar el funcionamiento de las radios a galena. De todos modos, puede tomarse como pionera la columna "Notas de radio" aparecida en la década del 20 dentro del periódico El Progreso del barrio de Villa Crespo. La firmaba, con el seudónimo de Medea, Alcira Chaves de Vila Bravo. Fue, quizás, la primera en tener la feliz idea de iniciar una columna radiotelefónica semanal.

Para 1933 surgieron *Sideral*, de aparición mensual (que contenía secciones como *Astros del éter* y *Comentarios Radiofónicos*) y *Comedia Ilustrada*, que semanalmente ofertaba la programación de radio. También del año 1933 es la publicación *Vea*, presentada como una revista de radio, cine y teatro pero que en realidad tiene su mayor contenido enfocado al quehacer radial.

En el año 1939 se inicia *Astros*, una publicación que difunde los chimentos de radio a través de su columna "Picadura de mosquito", e información del medio desde su

---

34- Radiodifusión. Término que designa el servicio de emisión de señales de radio y televisión para uso público generalizado o muy amplio.

sección "Girando el Dial". El certamen radial, que es casi ineludible en las publicaciones de la época, tiene en Astros un espacio destacado.

Micrófono Estrellas sale a la luz en 1943 y brinda semanalmente la programación radial. Otro tanto hace Mundo Radial (1952 a 54), mientras propone una encuesta y un certamen sobre los preferidos de los lectores.

Mundo Radial fue una revista de espectáculos mensual "al servicio de los postulados del justicialismo"[35]. Aparecen en sus páginas declaraciones del tipo "haciendo un arte auténticamente argentino, cumplo gustosamente el Plan Quinquenal", "La nueva Argentina de Perón debe tener un teatro que lleve el nombre de la jefa espiritual de la Nación". Las instituciones cinematográficas poseen una sólida presencia en esta publicación desde lo gremial, defendiendo el trabajo de los actores con un *número vivo* durante los intervalos de las proyecciones, o con la ley que equipara a los escritores de cine con los autores teatrales. De acuerdo con el imaginario de la época, se muestra el rol femenino traspasando los límites del hogar y la familia y llegando al ámbito del trabajo y la producción. También puede leerse un artículo emotivo sobre el primer director de cine que se jubila, donde se subrayan las ventajas del sistema previsional, recientemente implementado (Nro. 180, noviembre 1952)

Dejamos para el final las revistas que más y mejor difusión lograron y cuya presencia en los hogares fue durante décadas, indiscutible: Platea, Síntonía, Antena, Radiofilm y Radiolandia.

35- BERMÚDEZ, Julia. En "PÁGINAS DE CINE" Archivo Gral. de la Nación, Bs.As. 2003.

Antena se inicia en 1931 bajo la dirección de Julio Korn, también creador de otro semanario: Radiolandia. Antena persiste en el mercado durante más de cincuenta años, dentro de los cuales la temática radial irá cediendo paso a las figuras del ambiente cinematográfico y luego a las de la televisión, proceso que puede distinguirse en casi todas las demás publicaciones.

Platea, revista de la Editorial Atlántida, comienza como quincenal en 1959 y cambia a semanal en 1961. Si bien más enfocada al cine nacional, comprende una sección fija referida a la radiofonía.

Radiofilm sale al mercado semanalmente en 1941. Tiene como auspiciantes a las radios Argentina, Colón, Splendid, Rivadavia, del Pueblo y El Mundo, y cierra sus puertas en 1962.

Radiolandia, como su nombre lo indica, hace pie firme en los territorios de la radio, primero, y luego acompañará el nacimiento y desarrollo de la programación televisiva. Su estilo popular la convierte en un récord de ventas y la sostiene en el gusto público durante más de medio siglo.

Sintonía abarca el período 1933—1956. A solo un mes de salir logra posicionarse entre las cuatro revistas principales de Buenos Aires. Ya desde su mismo nombre, Síntonía privilegió los contenidos radiofónicos, los que podían encontrarse en sus secciones fijas *Girando el dial, Sintonizando audiciones, Criticando junto al dial* o *El termómetro de Síntonía*. Las notas daban cuenta de las audiciones, artistas y speakers más destacados del momento. Personalidades como Roberto Arlt, Gabriela Mistral y Niní Marshall colaboraron en esta publicación.

Las emisoras más importantes tenían sus propias publicaciones destinadas a la difusión de su programación, pero también a la concientización de los posibles avisadores acerca de las bondades de publicitar en el éter, como veremos en el capítulo destinado a los *reclames*.

LRA Radio del Estado publicaba un cuadernillo mensual con el detalle de los contenidos, horarios y temas musicales, el listado de todas sus orquestas estables (antes de la era Frischknecht, claro): de Cámara, Sinfónica, Nativa, además de los elencos de Las Dos Carátulas y de Teatro Vocacional. Gracias a estos cuadernillos, podemos saber que para mediados de los '50, por ejemplo, Radio del Estado destinaba al radioteatro los siguientes espacios: El carrito de Tespis (sábados a las 17) , El Tinglado del ISER (los martes 22.05, a cargo de los alumnos de ese Instituto), Héroes de la dramaturgia universal (viernes 22.05), Las Dos Carátulas (domingos a las 21.15), Las mil noches y una noche (miércoles 23.05), Su hora de gloria (19.30, los miércoles) y Vidas que parecen novelas (jueves, mismo horario), sin olvidar otros programas como Amores inolvidables, Comedias breves, Diario de un caminante, Teatro breve, Grandes artistas, etc. La publicación también dedica, en la sección *Nosotros los Vocacionales*, que firma El Cronista Equis, un espacio para entrevistar a los distintos integrantes del Elenco Vocacional de la Radio: Alberto Domínguez, Luis Tasca, entre otros.

El propósito inicial de la revista Intervalo (1945) es aproximar la historieta a la mujer, y lo logra, publicando en los años cincuenta sus melodramáticos folletines. En 1953, en razón del éxito radioteatral de *El león de Francia,* comienza a publicar la serie —que es muy bien recibida— hecho que ratifica la idea de seguir reincidiendo en la adaptación de radioteatros, según afirma Ernesto Goldar en su libro sobre la década citada.

La revista de cinenovelas Suspiros, si bien no se caracterizaba por brindar información acerca de la programación radial, en cambio promocionaba concursos como el que aparece en un ejemplar de 1958: "¡Gran Certamen Nacional para elegir la Reina de las Cinenovelas 1958! ¡Sea estrella junto a Oscar Casco y los más famosos galanes del momento!" Lo auspiciaba la misma revista y lo organizaban *Los Mosqueteros del Éter*.

Oscar Casco, actor. Foto para promoción con dedicatoria y firma (archivo de la autora).

XIII

RECLAMES

La publicidad masiva y barata que necesitaban las empresas fue posible gracias a una innovación tecnológica que, surgida en los veinte, impactaría en el mundo de la propaganda: la radio. La empresa Bagley sostenía: "Nuestra agencia aconseja que, dadas las características de los consumidores, lo más eficaz sería hacer el mayor esfuerzo por medio de avisos radiotelefónicos". Proponía *pasar frases dirigidas a las madres y una audición para chicos a transmitirse en horas que éstos puedan escucharla*, según cuenta Fernando Rocchi en su ensayo "Inventando la soberanía del consumidor".

Radio Cultura, que comenzó a transmitir desde Buenos Aires a fines de 1922, se arroga el privilegio de haber sido la primera emisora en difundir avisos comerciales. El 6 de diciembre tuvo lugar la inauguración desde el Hotel Plaza LOX, sus titulares (los hermanos Federico y Enrique Del Ponte y el ingeniero Alberto de Bary) tenían un permiso de la Municipalidad porteña que los habilitaba para intercalar "anuncios de propaganda estrictamente morales que no podrán exceder el 30% del total del tiempo en que funcionen las instalaciones", siendo la primera vez que la normativa contemplaba la publicidad en el nuevo medio. Los primeros avisos emitidos por Radio Cultura fueron un perfume, medias Manon, automóviles Packard y el Trust Joyero.[36]

36- http://politicasyplanificacion.sociales.uba.ar/wpcontent/uploads/sites/121/2014/07/Unidad3_agustimastrini.pdf

Portada del Boletín de Radio El Mundo, nov. 1941
(archivo de la autora, gentileza de Lucía Racioppi).

Esta primera autorización a emitir mensajes publicitarios resulta significativa porque todavía no estaba definida
la forma de los mecanismos de sostenimiento económico
del medio, que hasta entonces dependía de la voluntad y la
capacidad financiera de sus promotores. La introducción
temprana de la publicidad anticipa la forma en que, en un
futuro, se financiaría definitivamente la radio.

Habían caído en saco roto los principios radiofónicos del Dr. Susini, quien según Carlos Ulanovsky en su "Días de Radio", protagonizó la siguiente anécdota: Beniamino Gigli cantaba en el Colón un aria de Tosca que estaba transmitiéndose por radio. Susini y su interlocutor escuchaban embelesados, pero por distintas razones, como se verá. La idea de quien acompañaba al "loco de la Azotea" consistía en interrumpir la transmisión para decir que el tenor protegía su voz con las *pastillas Equis*, y cuidaba su estómago consumiendo solo *aceite Tal*. La respuesta de Susini fue contundente: "no se equivoque, mi amigo. Estamos empeñados en desarrollar una fuente de cultura, un medio de promoción de la nacionalidad".

Si se debía o no pasar publicidad paga fue un tema que dividió las aguas. A Luis Romero Carranza le gustaba la idea: "Piensa, Enrique: la radio es un vendedor que entra a cada casa con su pregón". Pero Susini se mantuvo firme: "Si hasta ahora nos sostuvimos sin avisos, tenemos que seguir haciéndolo, aún a costa de nuestro esfuerzo personal". En 1924, Pablo Osvaldo Valle, locutor y programador de los primeros tiempos, tuvo la idea de canjear avisos por productos envasados o servicios diversos.

Susini se preguntaba cincuenta años después: "¿Tenía yo razón? Aún no lo sé."

En la portada de los boletines de Radio El Mundo, a principios de los años 40, aparecían frases como éstas, destinadas a interesar a las empresas para que publicitaran en la emisora: "Persuasivo y convincente, el micrófono de Radio El Mundo lo invita a transponer la PUERTA DEL ÉXITO para el mayor prestigio de su firma y la más amplia difusión de sus productos" (las mayúsculas son copia fiel

Elenco de la Compañía de Héctor Bates, (arriba a la izquierda)
Mayo 1940. Publicidad obsequio del Jabón Colonial
(archivo de la autora).

del original, claro). Otro ejemplo de estas campañas en busca de avisadores lo constituían las notas del tipo "Estudio psicológico de las distintas reacciones que el público experimenta ante los programas de radio", "El valor de las palabras en los avisos", "Un nuevo estilo de anunciar por radio", casi todas firmadas o avaladas por gente del medio radial estadounidense, como garantía de confiabilidad y perspicacia para los negocios. Prácticamente todas las emisoras del '30 y del '40 abundaban en estos consejos, como "La Publicidad Radiofónica" , boletines mensuales de fines de los años treinta editados por las broadcastings LS2 Radio Prieto y LR2 Radio Argentina, cuyos discursos en pro de las ventajas de anunciar en sus emisoras son un enfático ejemplo de la función conativa del lenguaje .

La compañía radioteatral "Destellos", que dirigía Héctor Bates a fines del '30 y principios del '40, se promocionaba a través de fotografías de los integrantes del elenco. En el dorso de las mismas podía leerse:

Obsequio del Jabón Puro "Colonial".
Busque en jabones y barras estrellas "Colonial"
valor de $1 a $10.000
Además hallará en todos los panes y barras
un tubito sorpresa conteniendo un vale sorteable
por la Lotería Nacional.

No solo se publicitaban jabones y cosméticos. Por ejemplo, abundaban academias que aseguraban formar futuros profesionales del micrófono: *¡La juventud dinámica triunfa siempre!* (acompaña la ilustración de una joven y un muchacho junto a un gigantesco micrófono de época), *Aprenda en su propia casa a educar y dominar su voz, prepárese para ser locutor de radio, actuar en compañías radioteatrales, etc.* Tales eran los cursos por correspondencia de la Universidad Femenina sita en Sarandí 1273 de la ciudad de Buenos Aires. (Solicite folleto gratis mencionando este libro...)

Pero existían otros caminos para saltar a la fama, como esta oportunidad aparecida en el N°294 de la revista Radiofilm:

ESCUELA DE RADIOTEATRO: original e interesante es la audición que bajo el rubro mencionado se viene propalando por LR2 Radio Argentina los días martes, jueves y sábados a las 20 hs., con un encuadre de Alfredo Lima y la animación de Juan Monti. En la foto que acompaña el texto, una participante posa junto al conductor de *esas audiciones que el público oyente sigue con el mayor interés y entusiasmo.*

También las empresas ocupan espacios de toda una página en las revistas de mayor tirada, para promocionar los productos que patrocinaban a las compañías radioteatrales del momento. Bajo el título de *Tarzán, Rey de la Selva,* esta publicidad podía encontrarse a cualquier vuelta de página, sobre todo en revistas infantiles como el Billiken de los años cincuenta:

¡Aventuras apasionantes...dramáticos episodios... en el corazón del África misteriosa! Un programa radial extraordinario para grandes....y chicos (acompaña foto de César Llanos*) LR4 Splendid y la red argentina de emisoras, de lunes a viernes a las 18 hs. Es un obsequio de Toddy a sus amiguitos.*

Los elencos se las veían en figurillas cuando se les "caía" una empresa patrocinadora, y entonces había que salir a buscar publicidades sin demasiados remilgos, con tal de sostener al aire la programación. Unos pocos años después de que Yerba Ricotona auspiciara los capítulos de la novela "Alicia", la actriz y locutora Rudiel Wilde se vio obligada a convertirse también en productora comercial:

"Era una época en la que yo me metía en cualquier lado con tal de lograr avisadores para el programa que tenía en Radio Rivadavia. Era para el '42, '43, la calle estaba difícil y mucho no se conseguía. Hasta que en Bartolomé

Mitre, cerca de Casa Lamota, descubrí un zaguán que vendía miel y otros productos naturales. Yo esperaba que pusieran una publicidad para la miel, pero no sé por qué razón el hombre del zaguán no quería, y finalmente volví a la radio con un aviso que promocionaba...alpiste. Mis compañeros de Rivadavia se rieron mucho pero a mí no me importó, era una publicidad y todo sumaba. Creo que el texto decía algo así como: cuide a su canario y a su lorito dándole alpiste Tal".

Y como broche de oro del capítulo, vayan estos reclames que hicieron historia:

—*Revista Temporada* causa sensación / con últimos modelos traídos por avión.

—Tome *Iperbiotina Malesci!* Una cucharadita, equivale a un día de campo.

—Brrr...qué frío... ¡Mozo! ¡Una copita de *Lágrima de Indio*!

—(a su partenaire, que tose exageradamente) Toma *Seneguina*...¡y déjate de ... toser!

—Venga del aire o del sol, del frío o de la cerveza, cualquier dolor de cabeza se quita con un *Geniol*.

—Mejor mejora, *Mejoral*.

—*Casa Muñoz,* donde un peso vale dos.

—*Píldoras Ross:* chiquititas, pero cumplidoras.

—Este ciclo es auspiciado por *Casa Lamota, donde se viste Carlota!*

—Muchísimas gracias por su amable atención, y recuerde que *entre pecho y espalda, pastillas Valda...*[37]

37- Primer slogan publicitario que data del año 1906.

XIV

LOS ANTECEDENTES DEL GÉNERO Y LA DÉCADA DEL 20

El *Diccionario del Teatro* de Patrice Pavis advierte que durante mucho tiempo, el radioteatro no fue considerado como un género autónomo, sino un teatro purificado de las contingencias de la representación escénica. Muchos supieron después que, muy por el contrario, posee sus propiedades específicas, su propios códigos para manifestar la creatividad, y que ha sido la radio la que a menudo ha descubierto nuevos dramaturgos.

La prehistoria del género radioteatral puede rastrearse en los pregoneros, los trovadores, las novelas de cordel, en los folletines y en los cuentos transmitidos por vía de la tradición oral. *Una tradición que en muchas regiones se mantiene en los relatos de fogón, la ronda del mate, los cuentos del abuelo. Una tradición que la radio recupera porque es hija dilecta de la voz, de la palabra.*[38]

Entre 1915 y 1930 se asiste en la Argentina a un novedoso fenómeno editorial: la publicación de múltiples colecciones de relatos breves, de tiraje masivo, destinados al consumo popular: La novela universitaria, La novela de hoy, La novela porteña, La novela nacional, La novela universal, La novela picaresca, entre otras. *Editados inicialmente en folletos de formato menor y pocas páginas,*

38- HORVATH, Ricardo. QUE HACER CON LA RADIO. Ediciones Letra Buena, Bs.As. 1994.

casi sin ilustraciones, los textos dan cuenta de la existencia de un vasto público consumidor, iniciado en la lectura de los folletines que los periódicos ofrecían como estrategia comercial desde varias décadas atrás.

Los relatos abordan los temas más diversos: la cuestión social, el mundo de las mujeres que trabajan, la vida bohemia de actores y escritores, los bajos fondos, el incipiente mundo del cine, la evocación histórica, el conflicto sentimental. [39]

En la búsqueda de temas y fórmulas de segura repercusión, la radio se nutre justamente de estas novelas (relatos de capa y espada, de aventuras, policiales e históricos) y de la novela sentimental o rosa, que acaba imponiéndose.

La zona temporal anterior a los años 20, como etapa previa al nacimiento del radioteatro, contiene las transformaciones y temáticas que luego heredará el género radial: la guerra mundial y la post guerra, lo urbano y lo rural, el desarrollo de los argumentos provenientes del cine, los escenarios exóticos, el anarquismo y las cuestiones sociales, que incluyen la vida cotidiana del conventillo y de la fábrica y la inmigración europea. El folletín debe entregarse por día, calcular sus efectos y su suspenso para dejar pendiente el interés del lector. Lo mismo sucederá con la relación episodio radioteatral-radioescucha.

Cortinas musicales tremebundas anunciaban la aparición, en sus horarios respectivos, de los radioteatros (...) El disfraz había prendido y fue desplazando al folletín escrito. Aparecieron los escritores de la radio: Cortés Conde,

---

39- LA NOVELA SEMANAL 1917-1926. Selección. UNIV. NAC. DE QUILMES, 1999.

Manuel A. Meaños, Héctor Bates, Juan Carlos Chiappe, Horacio Meyrialle, Abel Santa Cruz, Miguel Coronatto Paz.[40]

Llamado radioteatro aquí y radionovela en el resto de América, Pablo Osvaldo Valle recuerda episodios de Radio Nacional: "el primer radioteatro se tituló *Una hora en la pampa argentina*, era de carácter folklórico y estuvo dirigido por el actor Francisco Mastandrea. Eran esquicios breves, con música y casi totalmente improvisados."

Es el mismo Mastandrea quien escribe *La caricia del lobo* (La *garra* del lobo, según otras fuentes) una novela radial, *la primera obra radiofónica que no concluiría en un solo día o en el espacio de una audición.*[41]

Alberto Migré se encargaba de destacar que el radioteatro era "un cuento argentino" y que sin proponérselo, había sido inventado por la actriz Orfilia Rico, cuando al enfermarse no pudo hacer más teatro. *"En ese momento los directores artísticos pusieron atención y descubrieron que, agregando música y sonidos a libros especialmente escritos, se gestaba un género"*, recordaba.

Es que en octubre de 1922 la actriz, de nutrida trayectoria, había sufrido un problema de salud que la obliga a la silla de ruedas. Luego de unos años de postración, se le escucha decir: *"Necesito trabajar; iré a la radio, ya que la enfermedad me impide otra cosa." Se trataba de una labor radial en la que, precisamente, transmitiría obras teatrales y el inicio correspondió a Las de Barranco, su clamoroso triunfo.*[42]

40- WOLF, Ema – SACCOMANO,G. EL FOLLETIN, Centro Ed. de América Latina, Bs.As., 1972.
41- ULANOVSKY, Carlos. DIAS DE RADIO, Espasa Calpe, Buenos Aires, 1996.
42- DEVOTO, Juan B. ORFILIA RICO, en QUIÉN ES QUIÉN EN EL TEATRO NACIONAL. Ed.Culturales Argentinas, Bs.As. 1969.

Ante el asombro de sus compañeros de elenco, que debían leer los parlamentos frente al micrófono, la afamada Rico recitaba el texto de memoria, tal era su oficio. Su salud, sin embargo, continuó deteriorándose y falleció en 1936.

Para el año 1921, Radio Argentina es la única en el aire, ese año cuadruplica su potencia y crece en varios aspectos. Transmite las temporadas líricas del Coliseo y del Colón, y música clásica desde el Cervantes.

Muy pronto, tras el camino de "los locos de la azotea", las emisoras se multiplicaron en Buenos Aires, funcionando en los primeros años las radios Sudamericana (luego Broadcasting La Nación), Cultura, Brusa (luego Radio Excelsior), Splendid, Prieto, Radio Nacional-Estación Flores, Federal Broadcasting (luego Radio Telefunken), Radio Municipal, Fénix (que pone su acento en la ficción, luego Radio Antártida), Radio El Abuelito, Radio Cine París, Radio Muebles Díaz, Radio Centro Espiritista (luego Radio Reclames).

En mayo de 1923 se suma una nueva broadcasting, TFF Grand Splendid Theatre, inaugurada oficialmente el 6 de septiembre de 1924. Transmite desde Santa Fe 1860.

Radio Bernotti (Quilmes Broadcasting, luego Radio La Abuelita y Radio Bijou), se instala en Quilmes, Buenos Aires, en 1926, gracias a la labor de Ricardo Bernotti. El radioteatro local tuvo allí sus inicios con el actor Pedro Agnetti y la actriz Dora Barrera Nicholson de Ricagno.

Hacia 1927, ya hay varios elencos emitiendo teatro radiofónico: la Agrupación Radiodramática de Magín Aliana; la Compañía Nuevo Teatro, con Pedro Quartucci y Segundo Pomar; Angelina Pagano, y Federico Mansilla junto a

Orfilia Rico pone al aire obras como *Criolla Vieja* o *Con las alas rotas*. En este mismo año se crea, por iniciativa de Regina Pacini, la esposa del presidente Marcelo T. de Alvear, LOS Broadcasting Municipal, la primera radio estatal de la Argentina.

Durante 1928, Angelina Pagano forma parte de la grilla de LOY Radio Nacional y LOZ Broadcasting La Nación. Santiago Arrieta está en LOX Radio Cultura y Atilio Supparo en LOT Radio La Razón. Mientras tanto, en Radio Prieto se presenta Alberto Vaccarezza como actor en un ciclo de sainetes. Recibe millares de cartas con felicitaciones y pedidos de información sobre los teatros donde se representarán las obras, además de solicitarle los libretos.

El Circo Hagenbeck, entusiasmado con la idea de la radiodifusión, acerca un micrófono a sus animales cuyos rugidos se oyen mientras un locutor los describe.

Una hora en la Pampa argentina celebra el 25 de mayo con una transmisión durante todo el día por las radios Nacional y de La Nación, con Pablo Osvaldo Valle junto a Héctor Bates.

Debido al éxito de *El Abuelito*, Mansilla se convierte en propietario de LOF El Abuelito; la radio se inaugura el 29 de octubre de 1928 y dura al aire 2 años. En noviembre, Angelina Pagano dirige en LOZ La Nación un elenco de radioteatro infantil muy felicitado por su transmisión de "Pulgarcito".

En 1929 aparece el primer radioteatro en capítulos con continuidad, La Caricia del Lobo, de Francisco Mastandrea, inspirado en las novelas por entrega; por Radio Nacional (luego Belgrano) Mastandrea dirigía *La hora de la Anécdota*, intervenía en el conjunto teatral de la emisora, conducía *La hora del suburbio* y *Una hora en la Pampa Argentina*, en donde actores y cantantes improvisaban, ofreciendo diariamente escenas camperas, canciones, contrapuntos, diálogos y escenas cómicas.

La reconocida dupla Olga Casares Pearson—Angel Walk, al mando de su propia Compañía presenta, durante todo el año 1929, piezas teatrales, diariamente a las 22, por LS6 Radio Bijou.

La revista *Comoedia* en su número 53 del 1/9/29 asegura "es visible el interés que comienzan a tener nuestras broadcastings por la transmisión de obras (…) lo que revela que las transmisiones teatrales por radio comienzan a ser una actividad permanente". No mentía: para entonces ya varias radios tienen elencos estables y los espacios para la ficción comienzan a ser fijos. En ese mismo '29 se transmite *Buffalo Bill* en episodios diarios y Radio Prieto organiza un concurso de obras para ser transmitidas, con premio en efectivo; paralelamente se reglamenta el cobro de los derechos de escritor en la radio y la obligación de mencionar a los autores, hasta entonces desprotegidos.[43]

43- SEIBEL, Beatriz. HISTORIA DEL TEATRO ARGENTINO, p.729.

XV

DÉCADA DEL 30

Para 1930, el radioteatro está ya bien diferenciado en Buenos Aires.

Las Comedias Víctor, durante los años '30 y '31 presentan escenas cómicas interpretadas por Juan Velich (también el autor) y Rosita Quiroga, que pasan después a Radio Cultura.

Radioteatro *Ronda Policial* , tarjeta postal promocional, 1935 (archivo de la autora).

Cartulina promoción *Las aventuras de Carlos Norton*, Radio Stentor, 1934 (archivo de la autora).

Los inicios, sin embargo, estuvieron llenos de tropiezos y dificultades, sobre todo en lo concerniente a remuneraciones. Entre 1930 y 1933, en Radio Municipal se pagaban 30 pesos a las figuras de primer nivel, mientras que otros artistas, en busca de cartel, trabajan gratuitamente a cambio de que se los nombrara durante el transcurso de la audición. Las Compañías de teatro fueron los prolegómenos del radioteatro, y en un principio la paga por la actuación del conjunto consistía en la comida, que se preparaba en la misma radio. Como retribución, en Radio El Pueblo se servía café con leche a todos los artistas que participaban en las audiciones. [44]

Surgen los pioneros de cada género, además del histórico y el campero: la primera trama familiar será *La familia de Pancha Rolón y* la primera de aventuras, *Yakar. Ronda*

44- CARRETERO, Andrés. *Vida cotidiana en Buenos Aires 3* (1918-1970), Bs.As., Planeta, 2001.

Portada de la publicación del radioteatro *Bajo la Santa Federación*
conteniendo cuatro capítulos consecutivos de la obra
(archivo de la autora).

Policial, una serie basada en casos reales escrita por Ramón Cortés Conde (un subcomisario en actividad) inaugura los argumentos sobre la delincuencia, mientras que desde 1933 *"Las aventuras de Carlos Norton"* trae al éter la perspicacia de un detective argentino *inmerso en una geografía familiar al público y rodeado de personajes muy nuestros.* Se irradiaba por Sténtor, con la compañía radioteatral de Roberto Salinas y Emma Bernal como coprotagonista.

En la programación radial de 1933 había cuatro compañías radioteatrales; dos años más tarde se produce una explosión del género que se manifiesta en la creación de nuevas compañías, en la diversificación temática del género —de acuerdo con las exigencias de un público cada vez más amplio y heterogéneo— y en la incorporación de autores para cubrir la demanda de adaptaciones y novelas originales.

En el mismo año, en dos horarios y por dos emisoras, a las 17.30 por Radio Nacional y a las 20.45 por Radio Porteña, se emitió *Bajo la Santa Federación,* conjunto de episodios novelados escritos por Carlos M. Viale Paz y Héctor P. Blomberg para la Compañía de Francisco Mastandrea, verdadera pionera del género.

"La media hora del radioteatro está salpicada de gritos desgarradores, emitidos casi siempre por gargantas unitarias, para especial angustia de las señoras. Los federales, mal hablados y provocadores, se ganarán el desprecio del público, y la castidad y la belleza serán las virtudes menores de las víctimas femeninas. De esta manera, se va creando una conciencia antirosista en una clase cultural que se desentiende de la historia y juzga el pasado a través de actores no siempre discretos y bajo el aturdimiento de aviesas cortinas musicales" —dice Ada Donato, citada por Eduardo Romano en ¿Existió el escritor de radioteatro?

El enorme suceso de *Bajo la Santa Federación*, generó inmediatas imitaciones. Entre otras: *La sangre de los jazmines*, de Arsenio Mármol; *La mazorquera de San Telmo*, de Héctor Bates; *La estrella de sangre*, de Luis Pozzo Ardizi, *El último candombe*, de Manuel Domínguez, etc.

Pero, en franca expansión, el radioteatro tendrá las falencias que es común achacarle, también porque pocos intelectuales como Blomberg y Viale Paz, se acercaron a brindarle su aporte inteligente, nos dice Romano cerrando su artículo.

Sin embargo, algunas emisiones alcanzan altos niveles literarios, como *Tú eres la paz*, de Gregorio Martínez Sierra, insigne escritor español, que prestigia el espacio radioteatral de LS2, y el 7 de diciembre de 1933, por radio Splendid, Federico García Lorca presenta y dirige la transmisión de la obra *De la noche a la mañana*, de su amigo Ugarte y López Rubio, por la compañía radioteatral encabezada por Lola Membrives.

La revista *El alma que canta* en su ejemplar del 7 de agosto de 1934 ostenta en su tapa la fotografía de una dramática escena de *Una luz en las tinieblas*, novela de Arsenio Mármol, éxito de LR3. En su contratapa, dos ilustraciones de *Estampas Porteñas*, en las que aparecen María Luisa Notar, Máximo Orsi y Herminia Velich.

Otros radioteatros mencionados en la misma revista: *Las aventuras de Rocambole*, que acababa de reemplazar a *El Puñal de la Mazorca* por LR3, mientras que el citado Puñal , obra de Orofino, Zucchi y Ortega Sanz, era propalado por LR10 Cultura, con el mismo horario, de 16.30 a 17. En setiembre de ese año aparecería nuevamente, esta vez por los micrófonos de LS4 Radio Porteña. *Las aventuras de Rocambole*, novela policial de Ponson du Terrail, estaba a cargo de la Cía. de Olga Casares Pearson-Angel Walk.

Bajo la Santa Federación, creado por la pluma de Blomberg e interpretado por la Compañía de Mecha Caus, se irradiaba por LS2 Radio Prieto.

Con el pomposo nombre de "Gran Función de Gala en el circo Moloch", LS2 Radio Prieto ponía al aire diariamente a las 16.30 este "film-escénico" a cargo del conjunto dirigido por Roberto Gil. *El alma que canta* asegura que esta obra "está llena de originalidad y de interés nada común".

También durante 1934, LR9 Radio Fénix presenta su espacio radioteatral a cargo de la pareja de hispanos Socorrito González y Tino Rodríguez, y también *La barra estudiantil*, bien escrita, con un excelente argumento y un inteligente grupo de actores, al decir de la crítica de la época. En Radio Rivadavia, el grupo "Elevación" demuestra su talento, dirigido por Alma Bambú. La compañía Estampas Porteñas se inicia este año; allí Audón López (1909-1991) hace nacer el personaje del Negro Faustino (Faustino Domingo Blanco), que mantiene en todas las obras de su larga carrera, escribiendo sus textos y las letras de sus canciones.

Para el año 1936 se hacían las transmisiones de *La Esmeralda Cuadrada*, una adaptación de Hugo Montes sobre la obra de E. Wallace, con el conjunto dirigido por Guillermo Pedemonte, de lunes a sábado de 14 a 14.30.

En 1937, en LS2 Radio Prieto actúa la compañía dirigida por el primer actor y excelente barítono Don Joaquín Pibernat. Paralelamente, de lunes a sábado a las 18.30 por Radio Argentina, se presenta *El Indio Blanco* con la cancionista y actriz Herminia Velich. Para entonces, las revistas como Caras y Caretas ya tenían su sección fija para las noticias referidas al medio radial y su programación.

"A lo largo de los años 30 se desarrolla la línea *criollista*, que comienza con González Pulido y devendrá en el costumbrismo posterior. Durante esa etapa el radioteatro estructuró sus historias a partir de esquemas que ya habían probado su eficacia en la producción folletinesca y en los viejos novelones de Carolina Invernizzio y Luis de Val. Sobreabundaron los problemas de identidad, los inocentes condenados, las madres solteras, los amores imposibles, los huérfanos, los grandes villanos y las angelicales víctimas. *La Dama de las Camelias* y *Flor de Fango* suministraron un modelo ampliamente explotado. Así, las heroínas remarcaron su desamparo y sus angustias llorando inacabablemente, y los villanos impostaron sus voces hasta convertirlas en abyectas e intolerables expresiones de la perversidad humana", nos dice Jorge Rivera sin economizar adjetivos.

A partir de 1938 la Municipalidad de Buenos Aires exige a las radios con auditorios los mismos requisitos que a las salas de teatro, como es el caso de Radio Splendid que inaugura el suyo en Ayacucho 1556. Las radios ya tienen elencos estables de artistas, músicos, actores, cantantes, en una modalidad que se extenderá hasta fines de los 60, cuando la guadaña de Federico Frischknecht arrase con la *radio espectáculo*.

LA RADIO QUE NACIÓ RADIO: EL MUNDO

La noche del 29 de Noviembre de 1935, con la asistencia del Presidente Agustín P. Justo y su esposa, se realizó la inauguración y comenzaron las transmisiones de LR1 "Radio El Mundo". Su edificio, concebido para dar a luz una nueva emisora, contó con un ambicioso modelo: la BBC de Londres.

En los estudios de Maipú 555 se pusieron 65 magnetófonos; 30 receptores profesionales; 66 micrófonos de estudios; 45 micrófonos de exteriores; 30 pre-amplificadores de línea y 7 consolas de control nuevas.

Original además era el sistema de iluminación difusa empleado en todos los estudios: mediante lentes especiales se distribuía una luz uniforme desde el cielorraso al piso, eliminando las sombras y permitiendo a los locutores, actores y músicos leer sus textos y partituras sin dificultad, desde cualquier ángulo.

La emisora también fue dotada de un potente equipo de aire acondicionado, cuando solo seis edificios en Buenos Aires lo tenían por ese entonces: el Cavanagh, los Edificios Volta, el Nuevo Banco Italiano, "Shell-Mex" y los cines Monumental y Broadway.

El estudio "A" era el orgullo de la emisora, considerado en esos tiempos como "el más grande en capacidad y funcionalidad". Estaba destinado a los programas musicales, con capacidad para 150 ejecutantes, excelente acústica y la posibilidad de albergar además a 500 personas para presenciar los programas "en vivo". El estudio "B", ubicado en la planta baja, era más chico, pero permitía también el acceso al público. Armando Barbeito[45] confirmaba: *Radio El Mundo era la emisora más importante de Sudamérica. Se construyó sobre agua, para filtrar los sonidos y las vibraciones de los tranvías; tenía órgano, palcos con cristales...El rating de los años 40 se medía por el público que interrumpía el paso a los tranvías que pasaban junto a la radio. Si la figura que venía no lograba que la muchedumbre obstruyera el avance de los tranvías, no era éxito.*

En un principio, solo habían contratado una orquesta de 60 profesores, pero Pablo Osvaldo Valle, a la sazón a cargo de la emisora, planteó que la radio no podía llegar a instalarse en el gusto de la gente, si no tenía atracciones populares. Entonces comenzó a convocar artistas para hacer radioteatros.

EL RADIOTEATRO EN "RADIO EL MUNDO"

En 1936, a un año de su puesta en el aire y con la dirección de Ildefonso Rodríguez, se crea el elenco de teatro estable de "Radio El Mundo", integrado por los siguientes actores: José Tresenza (director y actor, protagonista de *Peter Fox... lo sabía*), Margarita Corona, Roberto Salinas, Manolita Poli, Sara Prósperi (Doña Clara de *Los Pérez García*) Martín Zabalúa (Don Pedro de *Los Pérez García*), María Elisa Aguilar, Pablo Racioppi, Rita Miranda, Jorge Norton (Raúl de *Los Pérez García*), Maruja Pais, Pedro Prevosti, Adelaida Soler, Ricardo Passano, Máximo Moyano,

---

45- Armando Barbeito (1922-2017) fue un productor radial y televisivo argentino.

Margarita Tapia, Daniel López Bretón, Mercedes Torres, Tincho Zabala (hijo de Martín Zabalúa, ingresó en 1944), Gustavo Cavero (Castilla, en *Los Pérez García*), Paquita Vehil, Osvaldo Canónico (Fito, de *¡Qué Pareja Rinso... berbia!*), Guillermo Casali, Tilde Pérez Pieroni y Julián Bourges (Tito, en "Los Pérez García"), Osvaldo Cané, José Moneta, Leandro Reinaldi.

En 1936 se presentaba ante los micrófonos de LR1 Lola Membrives, acompañada por Luis Arata y Marcos Caplán, los domingos de 13 a 13.30, con la conducción de Juan Carlos Thorry e Iván Caseros.

De lunes a viernes a las 12.30 hs. se ponía al aire *La esquina de mis amores*, con Niní Marshall, Maruja Pais, Marcos Caplán, Mabel Díaz y Tito Lusiardo. También todos los días, menos sábados y domingos, salía al aire la comedia de Martinelli Massa e Ismael R. Aguilar, titulada "Millones y quimera" con un elenco encabezado por Olinda Bozán, Leopoldo Simari, Olga Mom, José Ramírez, Juan Vehil y la participación de Pepe Iglesias, El Zorro. Ismael Aguilar y Martinelli Massa también escriben *La Canción de los caminos* para el conjunto "Candilejas".

También en 1936, de lunes a viernes a las 18.30 con *La máscara humana* de Francisco Bolla y Francisco Barrios Vallejo, llega a los micrófonos de LR1 la primera actriz Blanca Podestá acompañada por Enrique Roldán (el "villano" preferido del director Manuel Romero), María Luisa Salcedo, Alberto Narváez, Margarita Corona, Francisco Vázquez, Amelia Senisterra, Pedro Bibé, Claudio Rodríguez Leiva y Héctor Rey. Al finalizar, y en el mismo espacio, la Podestá interpretó junto al elenco estable de la emisora una novela de misterio: *La sombra en acecho*, de Francisco Barrios Vallejos.

Pero la novela que acaparó la atención del público por aquellos años treinta fue *La última serenata* de Martinelli Massa e Ismael R. Aguilar, todos los dias, interpretada por el elenco estable de El Mundo.

Los éxitos de 1937 fueron *Amores de reyes*, evocaciones históricas escritas por Domíguez Riera y *Bajo la Cruz del Sur*, de Guillermo Salazar Altamira, las dos con el elenco estable y figuras invitadas.

En 1938, se realizó una versión radioteatral de "Las mil y una noches" titulada *Scheherezada*, escrita por Arturo Capdevila, todos los dias a las seis de la tarde, por el elenco estable.

En ese año, también se ponía en el aire por Radio el Mundo el *Noticioso Mobiloil*, para la época toda una gran novedad. En el programa se informaba sobre los sucesos más relevantes de la semana con la lectura de un escueto "cable noticioso" e inmediatamente se "radioteatralizaba" la noticia con los actores del elenco estable, Iris Marga, Arturo Remón, Margarita Tapia y la modesta participación de una figura que empezaba a dar sus primeros pasos en el ambiente: Eva Duarte.

En Julio de 1939 se inician las veladas del *Teatro del Sábado* con Narciso Ibáñez Menta y un gran elenco. También comienza con gran éxito de audiencia en el '39 *La familia de Pancha Rolón* protagonizado por Carmen Nogueras y Ricardo Bustamante, con gran elenco.

MÁS RADIOTEATROS POR "EL MUNDO", CERRANDO LA DÉCADA

1937

- *El misterio de las tres Marías*, de José Antonio Saldías y Julio De Caro. Con Castro Volpe, Martín Zabalúa, Margarita Sola, Amanda Las Heras.
- *Los negocios de Viruta*, con Alberto Anchart, Pablo Racioppi, Sara Watle.
- Compañía Caplán-Ballerini.
- *Gran espectáculo Radial Cafiaspirina*, con Nélida Quiroga, José G. Castro
- *Infierno descomunal*, con Pierina Dealessi como Doña Ítala, con José María Reynal, libro Julio C. Traversa.
- Marcos Caplán como *"Sócrates Clarete, Filósofo de segunda mano"*.
- En 1937 comienza su salida al aire LRA Estación Radiodifusora del Estado, posteriormente denominada Radio Nacional, destinada a cubrir la totalidad geográfica del país.

1938

- Compañía de Carmen Valdés.
- *Cinco minutos de buen teatro*, con Camila Quiroga, José María Reynal, libros de Raúl Doblas.
- *Godofrido*, con J. Castro Volpe, de Luis de la Plaza y Miguel Moya.
- *Noticioso Mobiloil* de Agustín Remón, con Iris Marga, Blanca Tapia, Juana Sujo, Guillermo Battaglia, Florindo Ferrario, Miguel Gómez Bao.

1939
- *El milagro del mar*, con Milagros de la Vega y Martín Zabalúa.
- *Fábulas célebres*
- Cía. Maruja Gil Quesada, Florindo Ferrario.
- Cía. Iris Marga-Santiago Gómez Cou. Con Maruja Gil Quesada, Niní Gambier, Bernardo Perrone.
- *Las mil y una noches*, con Pedro Laxalt, Iris Marga.
- *Teatro del sábado*, con Carlos Perelli y Milagros de la Vega.
- *Teatro Sintético Glostora*, con Juan Sarcione, Rosa Crosa, Lea Conti.

EL ÉXITO DE LA DÉCADA:
CHISPAZOS DE TRADICIÓN

En 1931, el conjunto llamado *Chispazos de Tradición*, dirigido por José Andrés González Pulido, a las 18.30 y por LOY Radio Nacional, insiste con mejor suerte en una temática ya probada por su antecesor, *Chispazos de Gloria*. Su éxito fue tal, que la revista Antena tuvo que dedicarle una página, titulada *Correo de Chispazos*, en la que el autor y los integrantes del elenco recibían las muestras de afecto popular. El autor escribía los episodios en una habitación contigua al estudio y nunca se sabía cómo iba a terminar el capítulo.

Un día, motivado por el éxito del programa, el elenco solicitó un aumento de cachet, amenazando con no presentarse al día siguiente si no le era otorgado. González Pulido consultó con Pablo Osvaldo Valle, y la respuesta fue terminante: *"hacé que en este capítulo todos los personajes se suban a una carreta, que vayan cantando, como en un final bien arriba. Se cruza un caballo y la carreta cae por un barranco. Y ahí terminás el capítulo. Después hablás con el elenco y les decís que el que quiera seguir viviendo, que se baje de la carreta. Los que arreglen seguir, se bajan; los que no, caerán al precipicio". Y cada vez que a Pulido no le gustaba un actor, mataba a su personaje. Por eso siempre solía haber alguno que sorpresivamente se volvía el gaucho ladino y resultaba muerto en su ley o debía ausentarse sin previo aviso (Oscar Ugarte discutió fuertemente con el autor; enseguida supo que su personaje había debido dejar la estancia —y el radioteatro— para viajar "súbitamente" a Buenos Aires).*

En una de las historias, habiendo llegado el momento de casar a Juan Manuel, el protagonista, se optó por consultar al público. La votación arrojó los siguientes guarismos: porque se case con Jacinta, 60.231 votos; con Rosaura, 26.830. Porque Jacinta se case con Churrinche, 15.406 votos. Porque no se case: 11.210.

Las historias ostentaban nombres claramente gauchescos, a saber:

- El matrero de la luz.
- La estancia de Don Segundo.
- Por la señal de la Cruz (estrenada en Radio Nacional, 1933).
- Cabrestiando esperanzas.
- El rancho está de fiesta.
- Las nazarenas del desengaño.
- El puñal de los Centauros (LR3 Radio de Buenos Aires, 1934).

El elenco de CHISPAZOS en *Por la señal de la Cruz*:

Amancay (Lita Guzmán)
Lagartija (Blanca Ferrer)
Margarita (Carmen de Flores)
Flora (Clarita Iriarte)
Churrinche (Mario Amaya)
Don Fulgencio (Rafael Díaz Gallardo)
Biguá (Domingo Fernández)
Don Damián (Roberto Torres)
Juan Carlos (Emilio Picayo)
Luciano (Raúl Deval)
El Chimango (Carlos Grana)
El Gaucho Solitario (una sombra)
El Tordo (Arnaldo Maciel)
Carlos Damián (Nene Juan Carlos González)
Sofanor (Ernesto Calvet)
Ciriaco (Eduardo Larrosa)
Aroma (Olga Montes)
Doña Zoila (Aurelia Ferrer)

La contratapa de los libretos editados por Briozzo Hnos. anuncia que están en venta en todas las casas de música las partituras para canto y piano de *Chispazos de Gloria* (pericón) y *Calandrias y Zorzales* (vals) que cantan en ¡Por la señal de la Cruz!

También se ofrece como Gran Novedad el álbum-recuerdo del conjunto criollo de Tradición, conteniendo 20 hermosas fotografías en colores de todos los personajes, a $0.20 cada álbum.

Chispazos de Tradición tuvo a la venta también la partitura del Tango-Canción de ese nombre, con letra de Francisco Brancatti y música de Antonio Ciaccio.

Portada de la publicación del radioteatro *Por la señal de la cruz*, (archivo de la autora)

El Día Nacional del Radioteatro se celebra cada 30 de Agosto en Argentina y busca homenajear al género recordando los inicios del conjunto *Chispazos de Tradición* y las creaciones de José Andrés González Pulido.

Testimonios:

"Mamá me contó sobre el pionero de los radioteatros: "Chispazos de tradición". Ella me dibujó con palabras las tardecitas de vecinos reunidos en torno a las pocas radios a galena. Cada uno acercaba algo a la mesa común: el mate, las tortas fritas, una empanada compartida en silencio para poder escuchar las desventuras de los gauchos que imaginó González Pulido. Las raíces de estas historias criollas escritas por un español estaban metidas en el teatro popular, el sainete y el circo criollo. El público hizo suyos estos personajes y en las presentaciones barriales se llegó a perseguir a los malos, así como se colmaba de regalos a los buenos." (Roberto Di Chiara)[46]

"¿Qué convoca a esos hombres que con paso rápido se encaminan al andén de la Estación Constitución al término de su jornada de trabajo? Son empleados y obreros del Ferrocarril Sud.

Algunos, como este grupo, se ubican en el vagón de segunda clase, ya que la empresa no les permite viajar en primera. Todos viven en Temperley o sus cercanías.

Se sientan enfrentados en los bancos de madera y se enfrascan en una bulliciosa conversación. No es el fútbol

---

46- Roberto Di Chiara, LA RADIO QUE YO VIVÍ, Ediciones de la Univ. de Lomas de Zamora, Colección Educación y Cultura Popular.

su tema, ni la política, ni las mujeres: a sus vidas ha llegado el radioteatro.

Como pocos de ellos tienen la fortuna de poseer el aparato de radio, sus compañeros los ponen al tanto del capítulo del día anterior. Hombres rudos, se les humedecen los ojos ante las desventuras de la dama joven atrapada en los manejos del villano. ¡Cómo desearían tenerlo en sus manos! Los insultos suben el tono de las voces.

La magia de los libretos de González Pulido ha entrado como una fiebre en sus vidas.

Algunos entonan a coro el estribillo de Churrinche, el cómico de la historia: *a mí me gustan las empanadas / de picadillo y de caracú...*

Cuando el convoy llega a destino, los pasajeros del tranway que circula por la calle 25 de Mayo ven con asombro un pelotón de hombres en franca carrera, disputándose el honor de llegar primeros a escuchar Chispazos de Tradición." (Nélida Fernández, 81)

"Yo de chiquita, cinco o seis años, ya iba a las radios con mi papá. A Maipú 555, Radio El Mundo, que era hermosa. Esa radio, me acuerdo, era impactante; con una escalera enorme que iba a la discoteca del primer piso, con muchos estudios; hasta los baños eran divinos: lavatorios de mármol, con unas esferas llenas de jabón verde, jabón líquido. Los dueños eran ingleses, supongo que habrán traído todo de ahí. Me impresionaban las mesas de las consolas, que se limpiaban con un pincelito." (Lucía, hija de Pablo Racioppi)

XVI

DÉCADA DEL 40

En esta época comienzan a aparecer las grandes plumas del radioteatro: Yaya Suárez Corvo, María del Carmen Martínez Payva, Silvia Guerrico, Eifel Celesia, Roberto Valenti, Alma Bressan, Abel Santa Cruz, Nené Cascallar y el jovencito Alberto Migré.

1940 se inicia con los éxitos de los radioteatros de Julia de Alba, Maruja Gil Quesada y Susy Kent con Silvio Spaventa. También ese año surge un binomio que conmociona el panorama radioteatral: Pedro López Lagar y Luisa Vehil en la radioteatralización en capítulos de "Cumbres borrascosas", adaptación de Armando Baielli de la película estrenada en 1939 con Laurence Olivier, Merle Oberon y David Niven.

Al promediar la década, Radio del Pueblo, la más popular, alberga en distintos horarios a varias Compañías: la de Héctor Bates, a las 12 hs., la compañía *Rutas*, de Juan Carlos Chiappe, a las 14; la de Pedro Laxalt, a las 15.30; *Evocaciones*, a las 16.30; la Cía. de Adalberto Campos, a las 18; la de Rolando Chaves a las 19.40 y *Juventud*, otra de Chiappe, a las 21.

Un éxito por Radio El Mundo en 1940 fue la ficción interpretada por Tita Merello, quien personificaba a una vendedora de grandes tiendas. El libreto era de Miguel Coronatto Paz, duraba quince minutos e iba lunes y jueves con la animación de Jaime Font Saravia. Coronatto explicaba:

"para hacer ese personaje me pasaba tardes enteras en Harrod's para mirar trabajar a las empleadas y pescarles sus tics, sus hábitos, su lenguaje".

En 1941 una naciente dupla renueva la cartelera con su presencia: Mecha Caus y Antuco Telesca, con novelas románticas que impactaron en la audiencia.

RADIOTEATROS POR RADIO "EL MUNDO"
EN ESTA DÉCADA

SANGRE Y ARENA, 22.05, Luisita Vehil y Pedro Lopez Lagar.

LOS PEREZ GARCÍA, martes, jueves y sábados 12.30

ARRIANDO RICUERDOS (auspicia Jabón El Gaucho, el jabón que ahorra un fregado de cada dos). Martín Zabalúa en el papel de Don Modesto, Sara Prósperi, Alfredo Marino, Luisa Olivera. Autor: Ricardo Menecier. De lunes a viernes a las 17.15

COMEDIAS BREVES Y ENTREMESES. Con Catalina Bárcena y Pablo Racioppi.

TEATRO SINTÉTICO. Con Lea Conti, Pablo Racioppi, José Tresenza. Audición de Glostora. Autor: Martinelli Massa.

RADIOTEATRO LEVER, Mecha Ortiz, Santiago Arrieta. "LA LOBA", 22.05

"EL AUDAZ" de Julián Jiménez Sastre (seudónimo de Nené Cascallar), con Silvio Spaventa y su elenco de comedia. Audición exclusiva de Farmacia Franco Inglesa. A las 14.30.

NOTICIOSO MOBILOIL. Autor y director: Agustín Remón. Con Irma Córdoba, Florindo Ferrario y Pablo Cumo, entre otros. 20 hs. (se emitía desde 1938)

LA INDÓMITA, Radioteatro del JABÓN LUX DE TOCADOR, con Carmen Valdés. 16.30.

Carmen Valdés, estrella del género radioteatral (archivo de la autora, gentileza de Lucía Racioppi).

El 16 de junio de 1944 se produce un hecho relevante en Radio El Mundo: asume como Jefe de la Oficina de Radioteatro el autor y director teatral Armando Discépolo. Cuentan quienes fueron dirigidos por él del respeto que imponía en los ensayos y en las puestas al aire.

En 1947, auspiciados por Jabón Lux, llegan a Radio El Mundo Santiago Arrieta y Elina Colomer con Nelly Láinez y elenco en la novela "El otro".

"Peter Fox...lo sabía", con libretos de Miguel de Calasanz (un detective al estilo de Sherlock Holmes, interpretado por José Tresenza, con el elenco estable de la Radio)

"¡Qué vida ésta, Señor! con libretos de Abel Santa Cruz, presentado por Molinos. Pequeña comedia que se difundía martes y jueves a las 12.40 en la que solo intervenían tres personajes: Ella (Angélica López Gamio), Él (Luis Pérez Aguirre) y El Narrador (Del Río).

"Buenos Días, Pericles", con Santiago Gómez Cou y Olga Vilmar; como relator, Julio César Bonnet, libro de Horacio S. Meyrialle. Comedia diaria de 15 minutos.

"Casi un ángel", también de Meyrialle, con Raúl Rossi, Josefina Ríos y elenco de la emisora con relatos de Raúl Calviño. Comedia diaria de 15 minutos.

¡QUÉ PAREJA (RINSO...BERBIA)!

En noviembre de 1947, Radio El Mundo lanzó al aire las peripecias de un joven matrimonio de la época:

¡Qué pareja!, radioteatro en episodios que se emitió durante veinte años consecutivos, hasta 1967.

¡Qué pareja!, con el agregado de *Rinso...berbia,* auspiciado obviamente por Jabón Rinso, contaba con la actuación de Blanquita Santos, Héctor Maselli, Osvaldo Canónico (Fito, el "cuñado dilecto" de Héctor), Mangacha Gutierrez (Doña Rosa, la mamá de Blanquita, con su eterno latiguillo "... en este valle de lágrimas") y Roberto Lopresti (jefe y dueño de las bodegas Soldati).

Los relatos estaban a cargo de Jorge Paz y más tarde ocupó ese rol Jorge Del Río; el libro pertenecía a Abel Santa Cruz, quien, por exceso de trabajo, dejó que Maselli, con el seudónimo de Juan Peregrino, escribiera los textos hasta el fin del ciclo.

Cada episodio finalizaba con esta frase, adaptada a diversas situaciones y circunstancias: "¡es más fuerte que yo!"

Alternando con ¡Qué pareja! salía al aire en 1948 una mini comedia, también de Abel Santa Cruz, titulada "Zully y Sally" protagonizada por Julia Sandoval, Patricia Parry y Jorge Norton con locución y relatos de Jaime Font Saravia. La presentaba "Jabón Sunlight".

LOS PÉREZ GARCÍA

En un principio escrito por Oscar Luis Massa, al asumir éste como Director de Radio El Mundo delegó la tarea en Luis María Grau (quien según sus propias palabras, comenzó con cierto desgano, ya que el proyecto no había surgido de él mismo). Sonaba el teléfono y una voz decía, como dando la bienvenida: *¡Sí, amigo, ésta es la casa de los Pérez García!* En los inicios salía al aire al mediodía, luego pasó de lunes a viernes a las 20.15. y tras el fallecimiento de Eva Perón se adelantó a las 20.10.

Don Pedro (Martín Zabalúa) y Doña Clara (Sara Prósperi) conformaban una familia tipo argentina, junto a sus hijos Raúl (Jorge Norton y luego en teatro, Juan Carlos Altavista) y Luisa (en este orden: Perla Black, Celia Juárez y Pepita Férez). Durante nada menos que 22 años, el público siguió el desarrollo de estos personajes casi con la creencia de que eran seres de carne y hueso. Tanto es así, que cuando el actor Zabalúa falleció en 1955, los oyentes se acercaron a la emisora para brindarle el pésame *a la familia*. El autor, Luis María Grau, decidió no llamar a un reemplazante, y el personaje de Sara Prósperi continuó en su nuevo carácter de viuda, mientras que el rol paternal pasó al tío Juan, hermano de Pedro (Alfredo Marino). Cuando los hijos crecieron y a su vez se casaron, se sumaron la nuera Mabel (Nina Nino) y el yerno Tito (Julián Bourges).

El nieto Cachito, hijo de Luisa y Tito, fue primero la voz de la niña Gloria Lopresti, pero cuando hubo que salir en gira y mostrar en carne y hueso al personaje, Gloria fue reemplazada por Emilio Comte (que L.M.Grau en su libro "Los Pérez García y yo" cita como *el niño Conte*). Por su parte, Raúl y Mabel tuvieron a Clarita (Marta Patiño y después María de los Angeles Ibarreta) y a Pedrito (Martín Zabalúa nieto, después Norberto Suárez).

Castilla (Gustavo Cavero), un personaje amigo de Don Pedro, era reconocido por sus proyectos y sus negocios

Elenco de *Los Pérez García* con el niño actor Emilio Comte
(gentileza Emilio Comte).

descabellados. Su apellido sirvió durante muchos años como mote para aquellos que, ya sea por picardía o por propio convencimiento, alentaban operaciones financieras de dudoso resultado. La esposa de Castilla, Catalina, fue interpretada por Esperanza Otero y por Mangacha Gutiérrez. Otros amigos de la familia fueron Enrique (Raúl Rousseau) y Laura (Alejandra Tharga). En la versión teatral participaron también Chela Cordero, Rafael Salvatore y Juan Carrara.

En un principio, este radioteatro es auspiciado por un producto llamado "Cremas Dagelle", más tarde, "Los Pérez García" fueron auspiciados por Sydney Ross, para sus productos Mejoral, Leche de Magnesia Philips y las también célebres Píldoras Ross, las cumplidoras pese a su tamaño.

Como lo anunciaba la apertura del programa, Los Pérez García todos los días tenían una nueva emoción y también un nuevo contratiempo, por lo que el saber popular acuñó la frase que sobrevivió al mismo radioteatro: ¡Vos tenés más problemas que Los Pérez García!

GRAN PENSIÓN "EL CAMPEONATO" [47] / [48]

Justo cuando la década del 40 comenzaba, la ficción radial estaba en su apogeo. Sin ánimo de exagerar, podríamos afirmar que el radioteatro, con sus intrigas y melodramas, se había convertido en un género que paralizaba el país.

En este contexto fervoroso nació uno de los pocos ejemplos de ficción deportiva, no solo porque unía el humor al fútbol, sino porque el entrelazado era tan estrecho que la vida de los personajes fluctuaba según los avatares del Campeonato Nacional que en la realidad se desarrollaba domingo a domingo.

Más claro: la Gran Pensión "El Campeonato" tenía inquilinos que representaban cada uno a un equipo de fútbol, y todos peleaban por el amor de la hija de la dueña de la pensión (Doña Asociación Balompié). El personaje representante del equipo que salía campeón cada año era quien finalmente conseguía el amor de la joven.

47- DI BENEDETTO, María Mercedes. "LA TRIBUNA HACE MEMORIA" www.tribunero.com
48- SARALEGUI, Rafael. Cita de IMAS, Edgardo. www.sentimientobohemio.com.ar

El lenguaje popular (barrial y lleno de guiños futboleros) contaba las idas y vueltas de la historia. Su elenco, los prototipos inequívocos de la fauna dominguera:

- DOÑA ASOCIACIÓN (AFA): Antonia Volpe
- DON PEDRÍN EL FAINERO (BOCA): Félix Mutarelli
- BERNABÉ EL MILLONARIO (RIVER): Tino Tori, reemplazado al morir el actor por EL MARQUÉS DE PEDERNERA, Manolo Perales.
- EL ROJO DE AVELLANEDA (INDEPENDIENTE): Héctor Ferraro
- ACADÉMICO GARCÍA (RACING): Zelmar Gueñol
- EL GAUCHO DE BOEDO (SAN LORENZO): Roberto Fugazot
- EL GLOBITO (HURACÁN): Oscar Villa
- EL MILICO DEL FORTÍN (VÉLEZ SARSFIELD): Marianito Bauzá
- MISTER ÑIULS (N.O.BOYS): Héctor Wilde "Bolazo"
- DON ROSARIO (ROSARIO CENTRAL): el mismo Wilde
- EL FUNEBRERO (CHACARITA): Alfonso Pisano
- EL PICHARRATA (ESTUDIANTES): Luis Galli
- EL TRIPERO (GIMNASIA LA PLATA): Mario Faig
- EL POTENTADO (BANFIELD): A. Pisano
- EL BOHEMIO (ATLANTA): A. Pisano
- EL CALAMAR (PLATENSE): Jorge Rojas

La joven destinataria de los amores y miradas de todos los pensionistas era Miss Campeonato, sucesivamente interpretada por Cheché March, Hilda Viñas, Herminia Franco, María Esther Gamas, Carmen Vallejo, Elda Desel, Irma Lagos, Julia Giusti y Lucila Sosa, entre otras actrices.

Los libretos pertenecían a Enrique Dátilo (Dátilo Enrique Giachino) y la dirección artística estaba a cargo de Tito Martínez Delbox.

Gran Pensión El Campeonato se transmitió durante algo más de 12 años (desde el 1ero. de septiembre de 1940 a 1952) por Radio Belgrano los domingos de 12.30 a 13.30, con el auspicio de Jabón Federal. Los jueves, de 21 a 22, se emitía un *complemento* que abundaba en burlas a los perdedores del domingo. Cada capítulo solía acabar en una discusión generalizada entre todos los personajes, batahola que era aplacada por la voz autoritaria de Doña Asociación, cuyo lema final era: "Sigan por ese camino / que la vieja Asociación / hará ganar los partidos / con justicia y con razón". Podían escucharse también otras coplas, afines a los distintos equipos:

Sopla, sopla, sopla / sopla el grande y sopla el chico / sopla el pobre y el bacán / pero cierren bien el pico / cuando sopla el Huracán.

En el Este y el Oeste / en el Norte y en el Sur / brilla la blanca y celeste / la Academia Racing Club.

(El Racing Club fue bautizado como Académico García porque en el plantel blanquiceleste figuraban Enrique "El chueco" García, José García, José García Pérez, Higinio García, Valentín García y Antonio García).

Cada personaje iniciaba su actuación en el programa con un breve recitado, que pronto se popularizó entre las hinchadas, según el siguiente detalle:

BOCA JUNIORS: "Mochachi de la pizza e la fainá ¡Bona sera a tutti! E la vida será más beya si se ganamo otra estreya"; o cuando se perdía, "Mochachi de la pizza e la ricotta, si sigo perdiendo puntos, me quedo sin la tricota".

RIVER PLATE: "Damas y caballeros, buenas y millonarias, y digamos todos con voz tonante, La Banda, La Banda, ¡siempre adelante!".

INDEPENDIENTE (con acento catalán): "¡Compañeros! Camaradas libres e independientes, adelante y RS, RS que pasat en limpio signifique ¡Rojos, salut!"; o cuando se perdía, "¡Rojos, sonaste!"

SAN LORENZO DE ALMAGRO: "Un saludo del Ciclón para tuita la reunión y recuerden mientras tanto: para vivir sin quebranto, ¡hay que ser bueno y ser Santo!"

VÉLEZ SARSFIELD: "¡Soy Vélez el del Fortín, que en Barragán y Gaona, planta firme su persona para luchar hasta el fin!"

NEWELL'S OLD BOYS: "Leidis and gentleman, gud ivinin; ¡Y estando en vuestra presencia, un saludo mi les doy, el del Parque Independencia que les trae Ñiuls Old Boys!"

ROSARIO CENTRAL: "¡Un saludo me permito ofrecer en general, el de la Estancia Arroyito de don Rosario Central!"

CHACARITA JUNIORS: "Señores soy Chacarita y ténganlo por bien cierto, el que mi casa visite, ése ha de ir siempre muerto; cajón de madera dura, cuatro velas, la mortaja, ¡me lo acomodo en la caja y otro va a la sepultura!"

ESTUDIANTES DE LA PLATA: "Soy chiquitito y bonito, estudiante de La Plata, y como soy muy loquito me llaman el pincharrata".

GIMNASIA Y ESGRIMA LA PLATA: "Soy el famoso tripero, el del bosque de La Plata, que si su furia desata, en fija sale primero"

PLATENSE: "Soy Platense, el calamar, el que en Manuela Pedraza y Crámer tiene su casa, ¡tacataca tacataca pa' lo que guste mandar!"

BANFIELD: "Soy Banfield el verdiblanco, calavera y jugador, soy joven, conquistador... ¡y tengo plata en el Banco!"

ATLANTA: "Yo soy Atlanta el bartola, que de puro calavera, se pasa la vida entera, acomodado en la cola".

Enrique Dátilo había presentado su proyecto a Tito Martínez Delbox, quien estuvo varios meses a la pesca de un buen avisador; le costaba conseguirlo porque los eventuales patrocinantes desconfiaban de la imparcialidad de los libretos y temían la reacción de las hinchadas. Finalmente, Vito Donato Savia, de la firma Jabón Federal, se armó de coraje y brindó el esperado auspicio.

Los años de oro de la "Gran Pensión El Campeonato" fueron los de Radio Belgrano, cuyo propietario, Jaime Yankelevich, no simpatizaba mucho con la ruidosa presencia de tantos pensionistas en el estudio. Con el tiempo, Dátilo y los simpatizantes futboleros se trasladaron a Radio Splendid.

Allá por 1990, a sus 84 años, Enrique Dátilo recordaba que en los tramos finales de la "Gran Pensión El Campeonato" recibieron el pedido de incluir en la serie a un personaje que representase a los Campeonatos Evita.

LA UNIÓN HACE LA FUERZA

En el diario La Prensa en su edición del domingo 5 de septiembre de 1943, en página 14 y bajo el título "Radiotelefonía" aparece una noticia que cuenta que acaba de constituirse la Asociación Gente de Radioteatro, una entidad de carácter gremial, que se propone difundir conocimientos y sugestiones destinadas a elevar la práctica del radioteatro, a la vez que organizar las condiciones y relaciones de trabajo a que deberán ajustarse los intérpretes de esa actividad en las broadcastings.

En la asamblea fueron elegidas las siguientes personas: Manuel Ferradás Campos, Presidente; José Paonessa, Vicepresidente; Secretario y Subsecretario, respectivamente, Ernesto Bustamante y Sergio Montes. Nisha Orayen, tesorera y Julia de Alba, protesorera. Por suparte, Lucía Barausse, Emma Bernal, Enrique Sáenz y Horacio Torrado fueron designados vocales.

Mabel Loisi cuenta que Manuel Ferradás Campos propuso una huelga de autores de radioteatro en todo el país. Era la única manera de obligar a las radios a pagar los derechos de autor. "No fue necesario más que anunciar la huelga para que rápidamente giraran los derechos de autor que son nuestro salario. El autor es el obrero de la máquina de escribir, aunque ahora tenga computadora."[49]

RADIOTEATROS DE LA DÉCADA EN RADIO "EL MUNDO"[50]

1940
- Cía. Carmen Valdés.
- *Los grandes sacrificios del pasado*, con Manolita Poli, Pablo Racioppi, Daniel López Bretón.

49- Mabel Loisi, op.cit.
50- www.radioelmundo.com.ar

- *Noticiero Mobiloil* con Iris Marga, Irma Córdoba, Carmen Cassnell, Florindo Ferrario.
- *Radio Teatro Atkinsons*, con Blanca del Prado.

1941

- *La familia de Pancha Rolón*, con Ricardo Bustamante, Carmen Nogueras.
- Cía. Elsa O'Connor-Pedro Laxalt.
- Lola Membrives en *Teatro Clásico Universal*
- Cía. Mecha Caus y su galán Antuco Telesca.
- *Los Pérez García*, con Martín Zabalúa, Sara Prósperi.
- Cía. Pedro López Lagar-Iris Marga
- *Cartas de amor*, con Manolita Poli, Pablo Racioppi.
- Segundo Pomar como "Rampullet" y como "El Ñato Castro".
- Cía. Julia de Alba.
- Cía. Carmen Valdés con libros de Nené Cascallar.

1942

- Cía. Carmen Valdés.
- Cía. Horacio Torrado - Elsa Piuselli.
- Cía. Julia de Alba.
- Cía. Nélida Bilbao - Roberto Airaldi.
- *Radio Teatro Lever* con Iris Marga, Irma Córdoba, Niní Gambier, Narciso Ibáñez Menta.
- *Radio Teatro Lever* con Mecha Ortiz, Santiago Arrieta, Aída Alberti.
- Cía. Silvio Spaventa.

REVISTA SINTONÍA, ABRIL 1942

Los radioteatros anunciados eran los siguientes:
- En Radio El Mundo: *La Familia de Pancha Rolón*, *Los Pérez García* y la Cía. de Silvio Spaventa.

- En Radio Argentina: *Aventuras de Jaime Rampullet*
- En Radio Belgrano: las Compañías de Yaya Suárez Corvo, Herminia Velich, Horacio Torrado y Pedro Cohucelo.

1943

- *Radioteatro Atkinsons* con Gloria Guzmán, Narciso Ibáñez Menta, Esteban Serrador. Dirección: Armando Discépolo.
- Cía. Carmen Valdés.
- *Cosas de familia* con Salvador Sinaí, Sarita Armas, Celia Juárez, Pablo Cumo.
- *Don Severo Camama* con Rodolfo Zenner, Vicente Climent, Juana Sujo.
- Cía. Julia de Alba.
- Cía. Narciso Ibáñez Menta-Rosa Rosen. Con Santiago Gómez Cou. Dirección: Orestes Caviglia.
- Cía. Pedro Laxalt.
- Cía. Silvio Spaventa-Susy Kent.

1944

- *El jorobado* con Miguel Faust Rocha, Martín Zabalúa, Hilda Bernard.
- *Mi novela (Ellas, ellos y yo)*, con Irma Córdoba.
- *Radiocomedias*, con Sara Watle, Julián Bourges. Dirección: Nathán Pinzón.
- Cía. Rosa Rosen-Horacio Torrado.
- Cía. Santiago Gómez Cou-Anita Jordán.
- *Teatro sintético* de Martinelli Massa. Con Juan Sarcione, Lea Conti.

1945

- Cía. Enrique de Rosas-Niní Gambier. Dir. Armando Discépolo.

- Cía. Julia de Alba.
- *Radioteatro Lever*, con Anita Jordán-Horacio Torrado.
- Cía. Milagros de la Vega-Jorge Lanza.
- *Estas cosas de mamá*. Libro: Nené Cascallar. Locución: Ignacio de Soroa.
- *Hogar de mujeres*, con Josefina Díaz, Celia Juárez, Graciela Lecube, Martha Quinteros. Libro de Nené Cascallar.
- Cía. Norma Castillo-Horacio Torrado.
- Cía. Pedro López Lagar-Maruja Gil Quesada.
- Cía. Carmen Valdés.

1946

- *Hogar de mujeres* de Nené Cascallar con Josefina Díaz, Lalo Harbin.
- *Los Pérez García*
- *Estas cosas de mamá*, de Nené Cascallar,
- *Peter Fox...lo sabía*, con José Tresenza. Libro: Miguel de Calasanz.

1947

- Cía. Julia de Alba.
- ¡Qué pareja Rinso....*berbia!* con Blanquita Santos y Héctor Maselli.
- *Variedades Flit,* de Abel Santa Cruz. Con Fernando Lamas, Pepita Férez, Francisco Álvarez, Mangacha Gutiérrez, Aída Luz.

1948

- Iris Lainez en *Mamá Corazón.*
- Cía. Julia Sandoval-Pablo Racioppi.
- *Los Pérez García.*
- Nelly Prince en *La chica de al lado*, de Nené Cascallar.

- *Nosotras, las mujeres*, de Nené Cascallar, con Hilda Bernard, Pepita Forn, Nidia Reynal, Iris Láinez, Cristina de los Llanos.
- *Peter Fox...lo sabía*, de Miguel de Calasanz con José Tresenza.
- *El morocho del Abasto*, sobre la vida de Carlos Gardel, original de Nicolás Olivari y Roberto Valenti que luego dará lugar a la obra de teatro y a la película.

1949
- *Imágenes de la vida*, con Iris Láinez, Dora Luján Martínez, Susy Kent.
- María Rosa Gallo en *Un padre y una hija frente a frente*
- Cía. Carmen Valdés.
- ¡Qué vida ésta, Señor*!*, de Abel Santa Cruz, con Angélica López Gamio, Luis Pérez Aguirre. Relator: Jorge Paz.
- Cía. Nora Cullen-Guillermo Battaglia.

PROGRAMA DEL CLUB SOCIAL Y DEPORTIVO, 1947

Según un programa de actividades del Club Social y Deportivo Álvarez Thomas, de Virrey del Pino 4271, el 10 de noviembre se presentaban:
- Blanquita del Prado, primera actriz del elenco artístico de LR3 Radio Belgrano
- Angelito (Tincho Zabala) y Saturnino (Osvaldo Canónico)
- Jorge Norton (el *Raúl* de los Pérez García)
- Sarita Prósperi, primera actriz del elenco de Radio El Mundo
- Dante Cortés, cantor nacional.[51]

51- Seudónimo de mi padre, Dante Di Benedetto, entonces de 25 años.

MIGRÉ Y SU PROGRAMA "REGULELI", 1948

"Mi primer trabajo como escritor de radioteatro fue un programa horrible, olvidable, que se llamó Revista Juvenil Argentina. Eran misceláneas, efemérides, dramatizaciones de cuentos del libro *Corazón*, de Edmundo De Amicis. Un programa *reguleli* pero hecho con la mejor emoción y la mejor voluntad." (Alberto Migré, en diálogo telefónico con Rosana Errasti para Radio Rojas, FM Faro, enero 30 de 2005).

PERO ¿QUIÉN SOY, YO? ¿LA HIJA DE LA PAVOTA?

El uruguayo Raúl Martínez escribió para una radio de Tucumán, en 1948, una radionovela llamada "La pavota". Fue tan grande su éxito, que le pidieron una continuación. Entonces, con la mente puesta en la saga, pergeñó "La hija de la pavota", historia poblada de vicisitudes e injusticias. Así, gracias a la sufrida protagonista, surgió una expresión que se incorporó al habla popular.

En Argentina, una o dos generaciones atrás, se estilaba decir esta frase: "Pero ¿quién soy yo? ¿La hija de la pavota?" especialmente cuando la estoica madre o esposa sentía que abusaban de su generosidad doméstica. Por ejemplo, después de haber preparado ella el almuerzo y de que los demás no dejasen ni una miga, los integrantes huían del comedor y la dejaban a la pobre con pilas de platos, cubiertos y ollas para lavar. Sola y mientras se anudaba el delantal por detrás, la frase de la pavota salía de su boca como una imprecación o un llanto.

Testimonios:

"En una época signada por el autoritarismo y el machismo, yo adoraba a *Don Pedro*, el personaje de Martín Zabalúa, en Los Pérez García. Me gustaba imaginar a ese padre comprensivo y amante del diálogo. Nosotros no teníamos padres así. Era un ídolo, el padre que todas deseábamos tener bajo nuestro techo." (Nélida Fernández, 81)

"Las mejores voces fueron Eduardo Rudy, Rafael Díaz Gallardo —que hacía de Caín— y después, Oscar Casco. De las mujeres, Carmen de Flores tenía una voz hermosa, medio pastosa....no como hoy, que las locutoras tienen todas la misma voz." (Brenilda, 98)

XVII

DÉCADA DEL 50

En la década del 50 los circos presentan Compañías de radioteatro porque el auge de las ficciones radiales obliga a ocupar espacios como las carpas, que poseen mayor capacidad de público que las salas teatrales.

Rolando Chaves (Dagoberto Cochia) protagoniza con gran suceso las obras escritas por su hermano Orlando: *Por nuestros hijos* (1951), *La muerte en los surcos* (1952), *Desalmado* (1953), *El zorzal criollo* (versión de la vida de Carlos Gardel, 1954).

Mario Labardén, actor entrerriano, se encuentra a principios de los '50 haciendo radio en Córdoba, mientras que en 1953, Mecha Ortiz lleva adelante un ciclo de adaptaciones radiofónicas.

La década anterior había sido generosa en oportunidades de crecimiento y experimentación para el género radial que nos ocupa, pero los '50 no se quedan atrás: los micro-radioteatros, historias románticas, de apasionado suspenso, le imprimen agilidad y variedad a la programación.

La mujer se afianza como destinataria del segmento sentimental de la programación, pero las producciones comienzan a tener en cuenta no solo su sed de historias de amor sino también sus intereses generales, que pugnan por arrimarse al status masculino después de varias generaciones postergadas. No olvidemos que en esta etapa la mujer logra su derecho al voto y se concientiza como trabajadora, defendiendo sus reivindicaciones obreras. Ya desde el título se adivinan los contenidos: aparecen "De mujer a mujer", un microprograma de Celia Alcántara, y "Nosotras, las mujeres", de Nené Cascallar.

VENITE A CASA EL SÁBADO A LA NOCHE ASÍ ESCUCHAMOS UNA PELÍCULA

Para 1950, Radio el Mundo presenta a las 22 hs. su programa "Radio Cine Lux", dedicado a brindar en una sola emisión de una hora la radioteatralización de una película que podía ser un estreno o un clásico. En la primera emisión de este programa se radió "La Guerra Gaucha".

Se hicieron adaptaciones de cientos de películas, puesto que el ciclo llegó a emitirse hasta 1963. Entre los habituales adaptadores aparecían Celia Alcántara, James McCabe, Roberto Valenti, Abel Santa Cruz, Alfredo Lima y muchos más. Es así como a través de Radio El Mundo pudieron escucharse películas como "Casablanca", "Esplendor en la hierba", "El paso del Rhin", "Nido de Ratas", "Barrio Gris", "Cumbres borrascosas", "Angustia de un querer", "Los ojos llenos de amor", "Algo para recordar", "Milagro de amor", entre otros títulos.

Molesto por estas adaptaciones de films y novelas provenientes de la literatura universal que poblaron la programación en detrimento de las creaciones originales de autores locales, Luis María Grau (*Los Pérez García*) apunta con su índice a un sector específico de los medios: *"los empresarios de radioteatro, buscando el éxito fácil, hicieron surgir, con una absoluta falta de criterio, esa secuela de adaptaciones de novelas y de películas que obligaron al autor a adocenarse en una labor sin relieves personales, restándole interés al género".*

Al ya firme elenco estable de la emisora, cada sábado se le sumaban dos figuras invitadas para protagonizar el "film radial". Así pasaron entre muchos otros Luisa Vehil, Olga Zubarry, Guillermo Battaglia, Mecha Ortiz, Pedro López Lagar, Ernesto Raquén, Rosita Moreno, Alfredo Alcón, Virginia Luque, Pedro Quartucci, Fernanda Mistral, Eduardo Rudy, Héctor Coire, Alberto Argibay, Amadeo Novoa. En los relatos, alternaron en distintas etapas Julio César Barton, Carlos D'Agostino, Silvio Augusto Miller.

El repaso de letra se iniciaba a las 4 de la tarde, se hacía el ensayo general ante micrófono en el estudio y comenzaba a emitirse exactamente a las 22 hs. El programa arrancaba con una cortina musical original para el producto auspiciante sobre la que el locutor decía: "Jabón Lux de tocador... El jabón que usan 9 de cada 10 estrellas de cine, presenta... (subía la cortina y sobre ella, al bajar) ¡Radio Cine Lux! (sube cortina / baja) En la cartelera de esta noche..." Y a continuación, una breve secuencia a manera de avance de la historia. Luego, título, reparto y por fin, comienzo de la acción.

Y HAY MÁS, MUCHO MÁS, EN LOS INICIOS
DE LA DÉCADA

1950

En Radio Porteña, de lunes a viernes a las 21, la compañía que encabezan Mercedes Carné y José Trigo estrena, de Jorge Saruba, "Sucedió allá por 1910", luego del éxito de "La llama del odio", del autor Pozzo Ardizzi.

"La mujer de papel", de Alberto Insúa, se irradia de lunes a sábados a las 10.45 por Radio Belgrano. Compañía de Ibis Blasco.

"En aquel Buenos Aires", sobre libro de Rafael García Ibáñez (aquel de *Ronda Policial*) y con la dirección de René Cossa, se propala por Radio Belgrano de lunes a viernes a las 22.35 en el espacio de Jabón Federal. Sus principales figuras son Perlita Mux, Pedro Maratea, Héctor Ferraro y Lea Conti.

Mi vida es un tango, por la Compañía de Héctor Bates, va a las 12 hs. por Radio Porteña.

Páginas Íntimas, sobre libreto de Ana Murgolo, se escucha de lunes y viernes, a las 18.30 por Radio Porteña, con Trudy Tomys y Carlos Lang.

Río Manso, de Queca Herrero, sale por Radio Splendid a las 17. Encabezan el reparto Nidia Reynal y Héctor Coire, con la dirección de Milagros de la Vega.

Viaje de amor al infinito, por Radio El Mundo, lunes a viernes a las 17.35, con Iris Láinez, Susy Kent, Pepita Forn y Hugo Pimentel.

"Radioteatro Atkinsons", de Abel Santa Cruz, con Juan José Míguez y María Concepción César.

Microprograma. "De mujer a mujer" de Celia Alcántara.

"El matrero" con Irma Córdoba y Santiago Arrieta.

"El Teatro Palmolive del Aire" con Carlos Ginés y Eduardo Rudy.

"Ésta es mi vida" con Rita Miranda y José Tresenza.

Cía. Jorge Salcedo-Olga Vilmar.

Cía. Julia de Alba.

"Los amores de George Sand" de Celia Alcántara. Con Mecha Ortiz y Amadeo Novoa. Dirección: Armando Discépolo.

Dora Ferreiro y Eduardo Rudy
(archivo de la autora).

¡Qué vida ésta, Señor! de Abel Santa Cruz, continúa en el aire con Angélica López Gamio y Luis Pérez Aguirre. Relator: Jorge Paz.

Undécimo año de "Los Pérez García", con Martín Zabalúa, Sara Prósperi, Pepita Férez, Jorge Norton, Nina Nino, Julián Bourges y elenco.

"Transatlántico de Luxe" con Osvaldo Canónico, Silvia Randall, Guido Gorgati y Jorge Márquez.

Cía. Roberto Airaldi-Nélida Franco-Claudio Rodríguez Leiva.

"Cita con el amor", protagonizado por la pareja Jorge Salcedo-Julia Sandoval.

Cía. Juan José Míguez-Pola Alonso.

Cía. Silvana Roth-Osvaldo Miranda, con Ricardo Duggan.

En Radio Porteña, según anuncia la revista Radiofilm[52] en columna destacada, para las 12 hs. se puede sintonizar la Compañía de Héctor Bates; para las 15.30, la Cía. de Maruja Pibernet; Marilyn y su pandilla infantil, a las 16.30 y en el horario nocturno, la Cía. Radioteatral Mercedes Carné y JoséTrigo, a las 21.

1951

En este año en Radio del Pueblo concluyen los 83 capítulos de un clásico radioteatral: El León de Francia, de Roberto Valenti y Santiago Benvenuto (con el seudónimo de Adalberto Campos); es el único radioteatro que llegará a las 1000 representaciones al estrenarse en teatro.

52- Radiofilm, año VI, 11 octubre 1950.

Para después del '55 (con la finalidad de elevar el nivel de las obras) se echa mano a los clásicos, a las grandes obras de la literatura universal: Balzac, Tolstoi, Dickens y Víctor Hugo. A las 22.15 puede escucharse por Radio El Mundo las *Veladas de Gala Atkinsons*, donde se irradian desde *La Pimpinela Escarlata* hasta *Ana Karenina* con Mecha Ortiz y Jorge Salcedo. También en las Veladas de Gala se emitió "El prisionero de Zenda", con Juan José Míguez, Aída Alberti y la participación del locutor Valentín Viloria. La adaptación a cargo de Abel Santa Cruz y la dirección en manos de Armando Discépolo. Suelen ser parejas estelares Mecha Ortiz y Jorge Salcedo, Rosa Rosen y Amadeo Novoa, Iris Marga y Santiago Arrieta, Elisa Christián Galvé y Eduardo Cuitiño.

En en el dial de Radio Splendid, las mujeres se enamoran de Oscar Casco y lo siguen en *Escúchame mi amor*, con Iris Láinez, de lunes a viernes a las 20. En la misma emisora, Rolando Chaves, secundado por Rafael Monzón y Lidia Durán, sale al aire los lunes y jueves a las 20 hs.

Para diciembre de 1951, la revista Radiofilm[53] publica en una columna de página entera bajo el rubro Radioteatro la oferta radial por emisora. Como la lista es extensa, omitiremos detalles y horarios:

El Mundo (Cía. de Julia de Alba: Celia Juárez, Eduardo Rudy; Susy Kent, Láinez, Forn, Delfy de Ortega, Amadeo Novoa, Jacinto Herrera, Marga Landova)

Argentina (Teatro Universal para la hora del té)

Belgrano (Ricardo Lavié, Luján Martínez; R. Airaldi, Patricia Castell; Iris Marga, Santiago Arrieta; Rosa Rosen, Castro Ríos; Jorge Lanza, Zoe Ducós)

53- Radiofilm, año VII, 19 dic. 1951.

Splendid (Violeta Martino, Antuco Telesca; Cía. Argentina de Radioteatro; Héctor Coire, Nidia Reynal; Pedro Laxalt; las Aventuras de Tarzán; Superhombre; Nené Cascallar; Oscar Casco, Hilda Bernard)

Héctor Coire y su esposa Irene Alzúa, autora.
Radio El Mundo,1955 (gentileza Leonardo Coire).

Excelsior (Cía. Nora Cullen)

Mitre (Quiroga, Alemani; Cía. Roberto Lagos)

Porteña (Héctor Bates; Cía. Mercedes Carné-José Trigo)

Del Pueblo (Adalberto Campos; Coran, Fossati; Cía. Juventud)

Provincia (Escenario del Aire)

Como se ve claramente, las radios El Mundo, Belgrano y Splendid aventajaban al resto en cantidad de espacios dedicados al género, cubriendo casi todo el espectro horario desde las 11 de la mañana hasta las 22.30 hs.

En 1955, un firme triunfo alcanzan las emisiones de "Nosotras, las mujeres", creación de Nené Cascallar, en donde interviene la primera actriz Susy Kent junto a Chela Ruiz, Carmen Vallejo, Mabel Landó y Cristina de los Llanos. Presentadas por Shell Argentina, las historias se irradian de lunes a viernes a las 19.05.

Pocos meses bastan para consagrar en todo el ámbito del país a la popular pareja compuesta por Jorge Salcedo y Dora Ferreiro. En los habituales espacios patrocinados por Nestlé y Nescafé, de lunes a viernes a las 15.05, ambas figuras con su Compañía ofrecen en cartelera "El viento canta tu nombre" de María del Carmen Martínez Payva.

Para 1956, Virginia Luque y Reynaldo Mompel, marido y mujer, se presentan juntos en un mismo programa. La estrella cinematográfica y cantante y el celebrado galán radiofónico realzan con su actuación, desde el 3 de julio, las audiciones respaldadas por Yerba Safac. Conduce: Antonio Carrizo.

Ese mismo año, Rudiel Wilde se desempeña como primera actriz en LS6 Radio del Pueblo; en el "Teatro Palmolive del aire de las 22:05" por Radio El Mundo, Pedro López Lagar vuelve a ser "Heathcliff" en *Cumbres Borrascosas,* con Hilda Bernard como "Kathy" y acompañado por Gustavo Cavero, Luis Pérez Aguirre, y Roberto Lopresti. Relator: Roberto Miró.

En 1957 se estrena la comedia "¡Son cosas de esta vida!" con Raúl Rossi, Nelly Meden, Amalia Sánchez Ariño, Emilio Nelson, Emilio Comte y actores del elenco estable de Radio El Mundo: Leandro Reinaldi, José Moneta, Esperanza Otero, Osvaldo Cané. Libro de Miguel de Calasanz, relatos de Jorge Homar Del Río. En vacaciones o ausencia de Doña Amalia, la actriz era reemplazada por el actor Francisco Álvarez. Iba los miércoles y domingos a las 20.35 auspiciada por Sudamtex con María Esther Vignola y Juan José Sierra en la locución comercial.

"Capital y Trabajo", de Juan Ramunno, se difunde por Radio del Pueblo a las 21, a cargo de la Compañía Argentina de Comedias de Humberto de la Rosa en la que participaba la actriz Rudiel Wilde.

Otras figuras que llegan a las noches de Radio El Mundo: Jorge Salcedo y Elcira Olivera Garcés. En 1958 protagonizan "Los besos ajenos" de Abel Santa Cruz en el "Teatro Palmolive del Aire de las 22 y 5" con Luis Pérez Aguirre y Pepita Férez, dirección de José Tresenza y relatos de Julio César Barton. Para ese mismo año, Radio Mitre presenta sus ciclos de ficción radial a las 10 am y a las 15.35, de lunes a viernes y Radio Argentina tiene el propio, también de lunes a viernes, a las 14.30 hs.

La actriz y locutora Rudiel Wilde con el cantor y actor
Domingo Conte. Radio Del Pueblo, 1954.

La primera actriz Rosa Rosen con el galán Ricardo Duggan, encabezando un gran elenco, animan la radionovela original de Carlos Alberto Orlando titulada "La virgen moderna", de lunes a viernes a las 14.30 con el auspicio de Casa Berlingieri.

A pocos años del ingreso de la televisión a nuestro país, comienza el lento declinar del radioteatro, que para 1957 ha disminuido su presencia en las emisoras en un 40 por ciento.[54]

Sin embargo, las Compañías que vivían del aire radiofónico y de las giras, todavía firman contratos y continúan avanzando con sus decorados a cuestas por las inciertas rutas de una Argentina que había cambiado de signo político y sobre todo, ideológico. 1957 y 1958, por ejemplo, encuentran a la Compañía de Radioteatro de Julio Montes (Mencho Cirilo) presentando en el litoral y en Salto Uruguayo la comedia "La bruja está en el galpón", de Orlando Cochia y Julio Montes. Se transmitía por L.T.15 Radio Concordia y por CW 23 Radio Cultural de Salto, en el vecino país. Eran aproximadamente quince personas, entre actrices, actores y técnicos. Las entradas costaban un promedio de $7.50 y podían ingresar al espectáculo los menores, que pagaban $5. Por cuestiones de cotización de la moneda, en Uruguay las opciones variaban entre $2 la platea, butacas altas a $1.20 y Paraíso al módico precio de $0.80. Una bicoca.

Por su parte, si bien la televisión evidentemente comenzaba a corroer la demanda del género radioteatral en la sociedad porteña, los lazos afectivos y la comunicación

---

54- Andrés Carretero, op.cit.

de los elencos con su público, sobre todo el público de las provincias, seguía gozando de perfecta salud.

Todavía se seguía apelando a los resortes emocionales de la esencia femenina, como puede apreciarse en el texto de presentación de la compañía de Aldo Lucci (en muchos afiches y programas aparece como Luzzi) en un cuadernillo de propaganda con fotografías individuales de todo el elenco:

"Madres, hermanas y novias del éter, amigos de este templo de la amistad que venimos construyendo por Radio Argentina de lunes a viernes a las 14.30: quiero dejar con estas palabras el testimonio escrito de mi gratitud (...) Por eso declaro sinceramente como artista y como hombre, que en el lugarcito más tibio de mi corazón están todos ustedes, por quienes siento un amor muy grande, solo superado por el amor que guardo para mi madre. Que el Señor nos mantenga siempre unidos y les brinde la felicidad que se merecen, por buenos, por generosos y por gauchos. Ah! Y un beso grandote para todas las mamás. Aldo Lucci."

1959: por LR4 Radio Porteña, de lunes a viernes a las 16 hs. y durante el mes de Julio, Rudiel Wilde, secundada por Héctor Tonelli bajo la dirección de A. Rocha Casaux, presentaba con carácter de estreno "La imagen fugitiva" de Marcelo Guzmán.

Un mes después, al frente de su propia Compañía, la citada actriz ofrecía "Ni un paso atrás", del mismo autor. Según consta en el diario La Nación, se emite también este año la obra "24 horas de plazo", de Elizabeth Lloyd Parry, seudónimo de Rudiel Wilde en su función de autora, para su misma Compañía de radioteatro.

POR SPLENDID (Fuente: Mundo Radial, 1959):

Fronteras del Alma, de María del Carmen Martínez Payva, con Meneca Norton y Alfonso Amigo.

Historias en una taza, con Alberto Argibay y Paula Darlán, martes, jueves y sábados a las 12.30.

LA PRIMERA CHOLULA

A partir de 1958 y hasta 1968 el dibujante Toño Gallo publicó la historieta llamada "Cholula, loca por los astros" en las revistas *Damas y Damitas*, y *Canal TV*. Gallo se basó en una jovencita, Adela Montes, fanática de los astros de los radioteatros y fundadora del CADA (Cazadoras Argentinas de Autógrafos) a cuyas integrantes se podía ver custodiando las emisoras munidas de cuadernos y libretitas. Hoy el término Cholulo/a continúa vigente, definiendo a los seguidores de los personajes mediáticos.[55]

Testimonios:

"En los años '50 actué en teatro, participé en una comedia musical, entré en Radio Mitre con Blanca del Prado y Homero Cárpena y después pasé a trabajar con Julio Montes y con Rolando Chaves[56]...Tanto con Humberto de

---

55- ZIGIOTTO, Diego. Las mil y una curiosidades de Buenos Aires. Bs.As. , Grupo Editorial Norma, 2008.
56- Rolando Chaves, actor y cantor, había nacido en 1919 en la provincia del Chaco y falleció el 11 de abril de 1995. Su verdadero nombre era Dagoberto Cochia. Actuó y cantó en numerosas películas nacionales, en televisión y grabó con la orquesta de Osvaldo Marafiotti.

la Rosa como con Horacio Torrado me sucedió que fui por un bolo y al año siguiente me nombraron primera actriz. Recuerdo que con Torrado comenzamos a buscar avisadores y yo conseguí a las Licuadoras IME. Pero desgraciadamente Torrado se enfermó y yo me quedé sin el trabajo". (Rudiel Wilde, 96)

"En la década del ´50 mi padre dirigía ¡Qué pareja Rinso...berbia! y casi todo lo escrito por Abel Santa Cruz." (Lucía, hija de Pablo Racioppi)

XVIII

RADIOTEATRO Y PERONISMO.
EVA DUARTE, ACTRIZ DE RADIO

Eva Duarte junto a Narciso Ibáñez Menta, Radio Belgrano, 1944.

Entre 1920 y 1950, América Latina entra a la modernidad a través de la construcción y fortalecimiento de los diferentes Estados nacionalistas. Ambos años son significativos en la vida argentina en relación a sus medios de comunicación, ya que el primero marca el nacimiento de la radio y el último implica la irrupción de la televisión en los hogares, durante la primera presidencia de Juan Domingo Perón.

Ya en las primeras décadas de la historia de la ficción radial, los marginados sociales por género o por clase se adueñan del radioteatro (cuya materia prima es sin duda el melodrama) y sienten instintivamente que éste los representa y los redime. La investigadora Silvia Oroz describe con estas palabras el fenómeno: de alguna manera, podemos decir que el melodrama es la cultura de los excluidos. Su forma de contestar al discurso oficial que los niega en el espacio público. Y aquellos grupos que detentan el poder económico y político verán en cambio en el melodrama el opuesto a las formas cultas o serias de pensar el mundo.

Era muy común que un funcionario o una élite gobernante tuvieran una mirada peyorativa acerca del radioteatro. En 1938, el presidente radical Roberto Ortiz encomendó un informe pormenorizado de la situación de la radiodifusión a Adolfo Cosentino, Jefe de Radiocomunicaciones, y a Adrián Escobar, Director General de Correos. La finalidad era hacer un balance de los contenidos del medio para tener una reglamentación definitiva. La conclusión del trabajo fue que la radio generaba una influencia negativa en los oyentes al reproducir manifestaciones artísticas que pertenecían a la cultura popular. Escobar, por ejemplo, consideraba que se producía "una lamentable subversión del sentido estético y moral del pueblo, provocada por la radiofonía, que ha consagrado la popularidad de una literatura y un teatro irremisiblemente bastardos".

La clase obrera, las familias de los conventillos, los desheredados de siempre, son el público dilecto de los radioteatros. El peronismo no solo los cobija bajo su ala, sino que quien deviene en esposa del Presidente y líder femenina del Movimiento es, precisamente, una reconocida y querida voz de la radiofonía, protagonista de sus historias y de sus heroínas tantas veces escuchadas.

La época de oro del radioteatro ha sido situada por muchos en una década imprecisa que oscila entre mediados de los 40 y mediados de los 50. Gran parte de estos años coincide con los mandatos de Juan Domingo Perón y con la pasión y muerte de Eva Duarte y se inscriben en un contexto latinoamericano que promueve "un proceso de integración sentimental" según Jesús Martín-Barbero. Son tiempos en que una fuerte impronta de identidad cultural circula en el cine, el tango, el bolero, la fotonovela, el radioteatro.

Un movimiento social es simultáneamente un conflicto social y un proyecto cultural. Esto es cierto tanto en el caso de los dirigentes como en el de los dirigidos. Este movimiento aspira siempre a la realización de valores culturales y al mismo tiempo, a obtener la victoria frente a un adversario social.

El peronismo, durante el tramo que ocupa desde su inserción en el poder político hasta casi fines de 1955, tuvo en la radiodifusión uno de sus grandes pilares de comunicación con el ciudadano. La voz de Eva, cuando los micrófonos pasaron de los estudios de radio al balcón de las multitudes, se encargó insistentemente de señalar cuál era el enemigo, el adversario social del que habla Rubert de Ventós ("Yo estaré con Perón y con mi Pueblo, para pelear contra la oligarquía vendepatria y farsante, contra la raza maldita de los explotadores y de los mercaderes de los pueblos").

RADIOTEATRO: EL GÉNERO DE LOS EXCLUIDOS

Si a la Historia la escriben los que ganan, está claro que los imperios coloniales se vieron en la obligación histórica de descalificar de modo tajante las costumbres de los pueblos colonizados. Para legitimar la dominación era necesario execrar al dominado. En nuestro país fueron reprobados sistemáticamente los nativos, los negros (y todas las combinaciones posteriores de mulatos, pardos, etc.) y los gauchos. Para la época que nos ocupa, contemporánea al radioteatro, los grupos señalados como ignorantes e incivilizados se constituyeron de inmigrantes europeos primero (especialmente los italianos y los españoles, tanos y gallegos), y luego de inmigrantes de otras provincias a la ciudad de Buenos Aires.

La dicotomía civilización o barbarie puede aplicarse también a la ficción radial nacional. La irrupción en la década del cuarenta de las masas en la vida social y pública, después de los vergonzantes privilegios que había detentado el poder en la década anterior (los '30 como la década infame) , trajo para la clase obrera al mismo tiempo la dignidad y el estigma indeleble. Los cabecitas, el aluvión zoológico, las patas en la fuente son todavía ejemplos del desdén de las clases medias y altas por los coterráneos menos afortunados en la escala social.

La exageración latina fue un condimento que no se encontraba presente en las producciones radiales estadounidenses o europeas. Juan Carlos Paleo, productor rosarino, recuerda en un artículo de la revista Crisis de 1989 : "Roberto Padilla era propietario de una Compañía tipo gauchesca con un fuerte contenido melodramático, hasta podría decirse, grosero. Hablaba de cuchilladas del hijo contra la madre, alaridos, sangre. En aquel tiempo se permitía todo, luego la situación cambia al dictarse una reglamentación en 1937, tendiente a controlar los excesos producidos."

Coincidentemente, pocos años después, el 1º de junio de 1946, el gobierno pone en vigencia un reglamento para la radiodifusión: en relación al radioteatro se prohibe la creación de personajes de ficción que puedan incluirse en el cuadro de la delincuencia en general o que se relacionen con el alcoholismo, la toxicomanía y la prostitución. En la oratoria no se permitirá ninguna expresión antiargentina, implícita o explícita, que atente contra el estilo de vida del pueblo.

El 19 de mayo de 1944 el gobierno resuelve reconocer a la Asociación Radial Argentina como representativa del gremio de los trabajadores de la radio, siendo su presidente la Srta. Evita Duarte. A.R.A había sido fundada en 1943.

También en el '44, Francisco José Muñoz Azpiri asume como titular de la Dirección de Propaganda del Estado, ubicada en la Subsecretaría de Informaciones y Prensa, en el seno del Ministerio del Interior. Paralelamente, el escritor Leopoldo Marechal es designado Director General de Cultura, dentro de la recién creada Secretaría Nacional de la misma área. Desde su gestión apoyó el género radioteatral, generalmente menospreciado, como ya dijimos, por la cultura oficial y por los intelectuales.

Después de años de desvalorización oficial del género, finalmente la gestión peronista hará en 1947, con Marechal como funcionario, un reconocimiento cultural del radioteatro equiparándolo a otras formas literarias, mediante premios y estímulos otorgados por la Comisión Nacional de Cultura.

En ese salto de heroína de ficción a mito de carne y hueso, María Eva Duarte tuvo, asombrosamente, un mismo libretista: Francisco Muñoz Azpiri, que escribió parte de sus guiones radiales (como el del ciclo Mujeres Ejemplares) y que también redactó muchos de sus discursos políticos , el primero de ellos, el que Eva había memorizado para un acto de mujeres en apoyo a la candidatura de Perón, el 8 de febrero de 1946 en el Luna Park pero que nunca pudo pronunciar porque el público no dejaba de corear lemas de campaña.

Podría inferirse que su natural don para las artes dramáticas, su manejo de los tonos y las emociones, su oficio de encarnar a mujeres importantes de la historia y su contacto con distintos públicos fueron en Eva quizá ejercicios exploratorios de un futuro que le exigiría luego en mayor medida la comunicación con las masas. Alberto Borrini, periodista especializado, afirma: "Eva se fogueó básicamente en el radioteatro. Cuando a Perón le tocó hacer campaña por primera vez, Eva fue la primera mujer de un candidato que lo acompañó en sus giras al interior. La razón era que la radio la había hecho famosa en las provincias. Tenía un talento natural, y su mensaje llegaba indudablemente a vastos sectores de la población." En el mismo artículo, Julio Bárbaro, un referente del peronismo, asegura que en Evita "no había doble discurso, ella hablaba como era su absoluta forma de ser. El personaje y la persona eran idénticos".

EVA DUARTE: SUSCINTA BIOGRAFÍA
RADIOTEATRAL

"Evita pertenece a la era de la radio, que registra
su ascenso desde los folletines hasta
el mensaje en cadena nacional"

Matilde Sánchez.

Eva llega del campito La Unión, a 20 kilómetros de Los Toldos y su primer trabajo radioteatral parece ser un papel secundario en Radio París en 1935. En 1934 había viajado a Buenos Aires —con solo 15 años— para una corta suplencia en Radio La Nación y antes también había rendido una prueba recitando tres poemas en Radio Belgrano frente a Jaime Yankelevich, sin obtener una respuesta satisfactoria.

En agosto de 1937 es contratada por LR3 Radio Belgrano para participar en el radioteatro Oro Blanco, de Manuel Ferradás Campos, sobre la vida en los algodonales.

1938: por Radio el Mundo comienza a emitirse el Noticioso Mobiloil, para la época toda una gran novedad. En el programa se informaba sobre los sucesos más relevantes de la semana con la lectura de un escueto "cable noticioso" e inmediatamente se "radioteatralizaba" la noticia con los actores del elenco estable y la participación de Iris Marga, Arturo Remón, Margarita Tapia y la modesta intervención de Eva, que empezaba a dar sus primeros pasos en el ambiente.

En marzo de 1939 la revista Antena anuncia que el 1ero. de mayo la Compañía de Teatro del Aire iniciaría un programa de Radioteatro con libretos de Héctor Pedro Blomberg, encabezado por Evita Duarte "la actriz del momento", Pascual Pellicciota y Marcos Zuker, llamado "Los Jazmines del 80".

El 21 de julio de 1939 estrena en Radio Prieto "Las Rosas de Caseros", seguida luego por "La estrella del pirata". Ese año continúa en radioteatros históricos de Héctor P. Blomberg con el auspicio de Jabón Federal, en Radio Prieto y con el nombre "La gran Compañía de Evita Duarte".

Aparece por primera vez en tapas de revista: Antena, Sintonía y Damas y Damitas. La firma Llauró (fabricante de productos de limpieza y jabones) anuncia su nuevo radioteatro, "Los amores de Schubert". La popularidad de Eva va en aumento y las revistas del género publican con bastante frecuencia fotos suyas.

En abril de 1940 Eva Duarte debuta en Radio Argentina con su Compañía transmitiendo 30 capítulos de "La carga de los Valientes", un drama histórico situado en 1827. En junio presenta otros radioteatros adaptados de las películas de la productora Pampa Film.

En diciembre se estrena en Radio Belgrano Reina y Pordiosera de Ferradás Campos y Luis Solá-Pedro Maffia, por la compañía de Radioteatro Remembranzas dirigida por Solá, con Jorge de la Riestra y Julia Giusti.

A mediados de 1941 Evita vuelve a la Radio con el patrocinio de la firma Guereño (jabones y productos de limpieza).

El 1°de enero de 1942 comienza en Radio Argentina la novela episódica "Amanecer".

Mayo de 1942: su Compañía Juvenil de radioteatro, que irradiaba sus programas por Radio Argentina, se traslada a Radio El Mundo integrada en la compañía Candilejas, de Martinelli Massa.

Estrena en Radio El Mundo "Infortunio", de lunes a viernes a las 11, con un éxito rotundo, popularidad que incluyó un pretendido romance con el actor Pablo Racioppi. A Infortunio le siguieron " Una promesa de amor", "El rostro del lobo", "Mi amor nace en ti" y "La cara de la máscara".

En Septiembre de 1943 la revista Antena anuncia que la actriz Evita Duarte iniciaría un ciclo en la radio, de lunes a sábado, dedicado a biografías de mujeres ilustres de la Historia, con libretos de Francisco Muñoz Azpiri y Alberto Insúa. A partir de octubre de ese año, Eva Duarte encarnará diariamente en Radio Belgrano a estas mujeres ejemplares. Las historias duraban al aire un mes cada una.

16 de Octubre de 1943: el ciclo inicia con "Madame Lynch, la amazona del destino" ("un pasaje histórico de subyugante romanticismo"), obra de Alberto Insúa y Francisco Muñoz Azpiri, sobre la trágica historia de amor entre Elisa Alicia Lynch y el mariscal Francisco Solano López, presidente del Paraguay.

El 27 de octubre de 1943 el coronel Juan Domingo Perón se hace cargo del Departamento Nacional de Trabajo, reteniendo la jefatura de la Secretaría del Ministerio de Guerra.

El 16 de noviembre de 1943 salió al aire "La mujer que nos dieron", la segunda obra del ciclo de heroínas de la Historia.

16 de Diciembre: se emite "Llora una emperatriz" (sobre la vida de Carlota de México). Esta obra fue interrumpida ante la proximidad del verano y continúa el 15 de enero de 1944. Precisamente ese 15 de enero un terremoto destruye la ciudad de San Juan y conmueve a toda la nación, que se moviliza en su ayuda (suceso que, según variadas fuentes, da pie a la relación afectiva entre Juan Perón y Eva Duarte).

26 de Febrero de 1944: comienza "Mi Reino por el amor" (Isabel I de Inglaterra), obra escrita por Francisco Muñoz Azpiri. Perón concurre a la emisora acompañado por Aníbal Imbert y Héctor Russo.

Abril de 1944: "Un ángel pisa la escena" (La Vida de Sara Bernhardt); sus libretistas son Antonio Giménez (quien a veces aparece en las publicidades y notas como Jiménez) y Francisco Muñoz Azpiri.

15 de Mayo de 1944: "Nieva sobre mi ensueño" (Alejandra Fedorovna, la última zarina).

El 1° de Junio de 1944 comienza ¡Éxtasis!, que cuenta los amores de George Sand y Federico Chopin. En la misma fecha se inicia también por Radio Belgrano "Hacia un futuro mejor", dedicado a promover la obra del gobierno militar, y en particular de Perón. Bajo las palabras escritas por Muñoz Azpiri, Eva encarna a una mujer de pueblo llamando a apoyar la revolución de Junio del 43. Estos libretos explicaban al auditorio el sentido del Proto-Peronismo. Eva Duarte dirigió y tuvo a su cargo las sugestiones musicales de este programa, una audición de fino relieve espiritual, inspirada en elevados sentimientos argentinistas, al decir de la publicidad de la época (miércoles y viernes a las 10.30)

En el ciclo de mujeres de la Historia se emite "Sumisión", sobre la vida de la esposa del Gral Paz, Margarita Weild.

Por la tarde, Eva salía al aire con "En el valle hay una sombra", de Antonio Giménez —o Jiménez—, y por la noche con "Alucinación", la vida de Rosario López Zelada, muerta en la epidemia de fiebre amarilla de 1871.

En agosto de 1945 se difundió " Anda un alma indecisa en el Paraíso ", melodrama de Carlos Martínez; por la noche, Evita da vida a "Lady Hamilton ", la esposa de Lord Nelson, emitiéndose luego "Una rosa en el río", la historia de Lucía Miranda.

En septiembre se escuchan los ciclos "La sinfonía sangrienta" y "La gacela encantada".

En diciembre, "La doncella de la Martinica", sobre Josefina, mujer de Napoleón y "Una lágrima al viento", la vida de Catalina la Grande de Rusia

En enero de 1945 comienza "Reina de Reyes", la vida de la bailarina Lola Montes (María Dolores Gilbert), amante de Luis I de Baviera. En febrero, "Una mujer en la barricada ", la vida de Madame Chiang-Kai-shek

En marzo de 1945 Evita estrenó "Un amor en la India" y luego encarnaría a la actriz italiana Eleonora Duse en "Fuego en la ciudad muerta". En julio, continuó con "La sangre de la reina huele a claveles", biografía de la emperatriz Eugenia de Montijo, esposa de Napoleón III.

"La danzarina del paraíso", una biografía de Isadora Duncan, de Juan José Vargas, se emitió de domingo a viernes a las 22.30 en los espacios del Jabón Radical.

En octubre de 1945 se comenzó a transmitir, a las 18 horas, "Quinientos años en blanco", obra basada en la cuestión de la desintegración del átomo, un novedoso tema surgido del bombardeo atómico a las ciudades de Hiroshima y Nagasaki.

Su último trabajo será "El ajedrez de la gloria", la vida de Ana de Austria, cuya emisión se interrumpirá por los sucesos previos al 17 de Octubre de 1945.

Testimonios:

"Yo tenía entre catorce y quince años, y escuchaba un radioteatro de los comienzos de Evita de Perón. Yo me acuerdo que mientras tejía lo escuchaba. Ella era la primera actriz. Yo me estaba tejiendo un trajecito verde, es como si lo estuviera viendo...Para apurarme a terminarlo —porque era lana fina— escuchaba la novela que me hacía pasar más rápido el tiempo... Es una cosa que me quedó grabada."
(Aída, 77)

"A Evita pude escucharla una sola vez, porque yo trabajaba en el mismo horario, no me coincidía...Yo escuchaba Radio Prieto y después Radio Belgrano. Pasaban la vida de María Antonieta, obras así." (Brenilda, 90)

"Mi padre, Vicente Loisi, trabajaba en Radio Belgrano con Eva Duarte, entonces un día vino y dijo: —¡no trabajo más con esa señora! y mi madre preguntó —Pero ¿por qué? si tiene tres radioteatros, sale en Radiolandia, es muy exitosa. —¡Porque no sabe leer! ¡No sabe respirar! Así que me fui. —¿Cómo que te fuiste? –Sí, me fui. Le dije: señora Eva Duarte, doy un puntapié en el suelo y como usted, salen veinte. En cambio, Román Sucre hay uno solo. Buenos días. Y se fue. Después, con los años, teníamos un gran amigo muy allegado a Evita, y le decía —¿Se acuerda, Señora, de cuando Román Sucre le dijo esto? Y Evita se reía". (Mabel Loisi)

"En la primera presidencia de Perón, en un pueblo cercano a Bahía Blanca, llegamos con el Circo Criollo que incluía la obra Juan Moreira, de Vaccarezza, que yo protagonizaba. Cuando Moreira, mi personaje, está en el cepo, sin poder defenderse, y los esbirros del villano comienzan a pegarle, desde el público grita un hombre, posesionado: ¡¿Y qué hace Perón que no ve estas cosas?!" (Ricardo Oriolo)

XIX

DÉCADA DEL 60. DESCANSO
DE LA COMPAÑÍA

En la década de 1960 los pocos radioteatros que subsisten son interpretados por figuras de trayectoria. El género se resiste a morir, y quedan como bastiones del éter muy pocas Compañías, entre ellas las de Juan Carlos Chiappe y Alberto Migré.

Para el 25 de mayo del '60, adhiriendo a las celebraciones patrias, Radio Belgrano transmite la obra "1810", con un reparto encabezado por Narciso Ibañez Menta, Roberto Escalada y Santiago Arrieta.

Por las noches, se emitían "Verano Violento", con Silvia Legrand, en el ciclo Radio-Cine Lux y el radioteatro a cargo de la pareja Alfredo Alcón-Elcira Olivera Garcés ("Algo que fue", de Alberto Migré). Ambos por Radio El Mundo.

En los últimos años del radioteatro en Radio El Mundo[57] se destacan los binomios Fernanda Mistral-Alberto Argibay, Hilda Bernard-Oscar Casco ("No quiero vivir así", de Migré) e Hilda Bernard-Fernando Siro ("Alguien para querer", del mismo autor). La Compañía de Alberto Migré se completaba con Graciela Araujo, Blanca Lagrotta, Atilio Marinelli y Osvaldo Pacheco y sentaba precedente un éxito: "Altanera Evangelina Garré", que luego es llevada a la TV como "Adorable Profesor Aldao" con Beatriz Taibo y Guillermo Bredeston.

57- www.radioelmundo.com.ar

Aparece "Dr. Cándido Pérez, señoras", con guión del prolífico Abel Santa Cruz y protagonizado por Juan Carlos Thorry y Julia Sandoval.

Más parejas actorales, siempre hablando de El Mundo: Graciela Araujo-Guillermo Bredeston, Julia Sandoval-Eduardo Rudy, mientras que el "Radioteatro Kolynos", con Alfredo Alcón y Violeta Antier, presentaba historias de Leonardo Catalano ("Los Nutrieros" y "Un hombre cualquiera") con Guillermo Cervantes Luro y el multifacético Guido Gorgati en la compaginación musical.

También en esta década puede escucharse "Lo mejor de nuestra vida, nuestros hijos" de Alberto Migré, interpretado por Delia Villar y elenco, siempre con relatos de Julio César Barton.

"El Gran Radioteatro de la tarde" contaba con la Compañía Aída Luz-Fernanda Mistral-Ignacio Quirós y la dirección de Antuco Telesca.

Otros títulos fueron:

"Esa dicha que perdimos" (Graciela Araujo-José María Langlais, con libro y dirección de Alberto Migré)

"Quiero estar en tu vida" de Gerardo Galván, con Jorge Salcedo y Beatriz Día Quiroga y en los relatos, Jorge Martínez Conti.

"Trampa de amor prohibido" otra historia del prolífico Migré con Beatriz Taibo y Atilio Marinelli.

Fueron muy populares también en esta época los binomios integrados por Iris Marga-Ernesto Raquén; Rosa

Rosen-Ángel Magaña; Margarita Linton-Oscar Ferrigno y Alfredo Alcón-Norma Aleandro.

En 1967 continúa el Radioteatro de Alfredo Alcón y Violeta Antier, dirigido por Susy Kent, en radio El Mundo. En las revistas como Radiolandia todavía se utilizaba el nombre Broadcasting para anunciar la programación radial de ficción, que para entonces había mermado muchísimo. Las columnas dedicadas al radioteatro, antaño pobladísimas, ahora solo ofertaban cuatro o cinco Compañías[58]:

- Radio Porteña: Nidia Reynal-Bordignón Olarra, 14 hs.
- Radio El Mundo: Rodolfo Salerno-Margarita Linton, 16.30
- Radio El Mundo: Compañía Alfredo Alcón-Violeta Antier, 17.30
- Radio Belgrano: "María Belén" con Norma Aleandro, 23.30

El fin del radioteatro por Radio El Mundo llegó en los primeros años de la década del '70. Entre 1971 y 1972 en "El Teatro Palmolive del Aire", con dirección del autor Alberto Migré, se presentan las siguientes figuras en distintas novelas, con relatos de Julio César Barton: Mabel Landó, Adrián Montero, Blanca Lagrotta, Noemí Escalada, Atilio Marinelli, Cristina Alberó, Claudio Levrino, Gloria Lopresti, Noemí Escalada, Osvaldo Cané.

"Ese amor olvidado" y "Hombre a buen precio", de Luis Gayo Paz, se presentaban con actuación de Rodolfo Salerno, Silvia Montanari, Blanca Lagrotta, Noemí Escalada, Miguel Banni y el mismo Gayo Paz como actor.

La revista Radiolandia otorga un premio de $100 pesos a Elva Esther Giussi, de Bernal, por su participación en

---

58- Radiolandia, diciembre 8, 1967.

el concurso "La perla semanal": parece ser que el Relator de este radioteatro había indicado que el personaje de Elcira le cebaba mate a su suegra (Sara Prósperi) con cascaritas *de limón*, pero la actriz en su parlamento había mencionado cascaritas de *naranja*.

El último radioteatro en Radio Rivadavia fue *Mi hijo no es varón* y trataba de *la desdicha de un padre por haberle salido un hijo maricón.*[59] "Lo escuchábamos todas las tardes desde la radio a capilla, con mi madre y mis hermanas, no nos perdíamos un solo capítulo", dice Faustino García, integrante de *El rotativo del Aire* durante 40 años.

Hacia el final de la década, la ideología de los gobernantes de facto asesta un golpe mortal a la radiofonía. Además de negar espacios al radioteatro, desmantela los elencos y orquestas estables de todas las emisoras. Lo artístico cede su lugar a lo periodístico-musical, lo cual es mucho más económico y más fácil de controlar.

Alberto Migré solía repetir, acerca de la desaparición de la "radio espectáculo":

"La radio era fabulosa. Tenía una orquesta clásica, un coro estable, orquesta ligera, orquesta criolla, elencos estables, un placer trabajar ahí adentro. Hasta alrededor de 1964 en la radiofonía trabajaban 12800 personas, toda una fuente de trabajo. Después alguien que creyó que era un director artístico, uno de esos administrativos que pasan, lo deshizo porque creyó que en un solo estudio podían caber todas las radios, y que incluso ni el operador era necesario. ¡Esos señores son tan habituales en nuestro país!"

59- Libro homenaje a los 40 años de Radio Rivadavia, 1998.

COMPAÑIA AUDON LOPEZ

Compañía Audón López, L.S. 4 Radio Porteña
(archivo de la autora).

XX

SILENCIO DE RADIO PARA LA IMAGINACIÓN Y LA FANTASÍA

"Un señor un día
dijo no, no más elencos estables,
no más orquestas estables,
no más coros estables..."

Alberto Migré

Ese señor al que siempre aludía Migré y casi nunca nombraba, se llamó Federico Frischknecht. Desde su asunción, bajo el gobierno de facto del Tte. Gral. Onganía, se produce un gran desquicio en los medios de difusión, específicamente en las radios que estaban en manos del Estado. Frischknecht, secretario de Prensa y Turismo entre 1967 y 1969, para ahorrar costos y tener las emisoras mejor controladas, aglutina cinco radios en Maipú 555, aquel edificio concebido para ninguna otra cosa más que para ser lo que era. Esto significó la pérdida de invalorable material histórico del medio radial. El Mundo tenía su archivo de programas; Frischknecht decidió deshacerse de todo. Fue un gran golpe a la cultura, además de a la democracia, por supuesto. Según relata Luis Salerno, locutor de Radio El Mundo, Federico Frischknecht estaba al frente de Radio Centro, y dio orden de tirar todo lo que estaba archivado: discos, cintas, y también las fotos originales que se sacaban en la emisora para las revistas. Hasta vaciaron los armarios de los empleados, quienes rescataron de la basura parte del material.[60]

Los amplios alcances de la Secretaría a cargo de Frischnechkt incluían: la Dirección de Prensa, la Dirección de Emisoras Comerciales de Radio y Televisión, el Instituto Nacional de Cinematografía y la Dirección de Turismo, todo lo cual le otorgó el perfil de "superfuncionario". Su accionar encuadraba dentro de la mirada ideológica de Onganía, la misma mirada que provocó la Noche de los Bastones Largos y su posterior represión, durante la que fueron detenidas 400 personas y destruidos laboratorios y bibliotecas universitarias. Como resultado, cientos de científicos e investigadores se exiliaron, lo que constituyó una significativa "fuga de cerebros".

Dentro de la censura artística del gobierno de Onganía, se prohibieron las representaciones del ballet *El mandarín maravilloso* de Béla Bartók, *La consagración de la primavera* de Igor Stravinsky y el debut argentino en el Teatro Colón de la ópera *Bomarzo*[61] de Alberto Ginastera y Manuel Mujica Láinez, que venía de estrenarse en Washington. La censura se extendió al cine con la prohibición de *Blow Up* de Michelangelo Antonioni y recayó también sobre los espectáculos del Instituto Di Tella, entre otras manifestaciones culturales.

60- https://dias-radio.blogspot.com/2010/02/la-falta-de-memoria-radial.html
61- Se estrenó en Washington el 19 de mayo de 1967. El estreno previsto en el Teatro Colón de Buenos Aires fue suspendido por el gobierno de facto de Juan Carlos Onganía y prohibida la obra por decreto debido a que "el argumento de la pieza y su puesta en escena revelan hallarse reñidos con elementales principios morales en materia de pudor sexual".

A partir de ese momento, en el Nro.555 de la calle Maipú, donde desde 1935 funcionaba Radio El Mundo, se concentraron también Splendid, Mitre, Antártida y Excelsior. La autora Mabel Loisi lo dice con sus propias palabras: "un funcionario amargo de la Capital Federal disolvió el radioteatro de la programación de las radios, achicó las salas de transmisión, hirió de muerte al oyente."

Consecuente con su misión de arrasar con las expresiones artísticas y populares, Federico Frischknecht pone fin abruptamente al género radioteatral —ya bastante diezmado a causa de la llegada de la televisión— por considerarlo *anticultural* y *antieducativo*.

Luis María Grau, el autor de "Los Pérez García", en una nota publicada en la Revista de Argentores (otoño de 1969) se queja: *se ha convertido a Radio El Mundo en un cambalache desde donde transmiten cuatro o cinco emisoras. Se han anulado programaciones enteras, restando al artista fuentes de trabajo. Se ha echado a la calle a empleados especializados y capaces (...) se ha dado el tiro de gracia al radioteatro, restando así posibilidades a un mundo artístico que había hecho de él su medio de vida. Un incendio habría resultado más barato.*

Las palabras de Grau resultaron proféticas, como si le hubiera dado la idea al destino, porque casi tres años después, el incendio realmente se produjo en las instalaciones.

XXI

EL INCENDIO DE MAIPÚ 555: LOS FANTASMAS DE LA DUDA

Las redacciones de los diarios están llenas de fantasmas. Los estudios de radio también. Yo lo sé. Suicidados, muertos de tristeza, historias no cerradas, cuerpos sin justicia. Almas en pena aferradas a un signo de pregunta, al dolor infinito del olvido, a un grito de impotencia que no los deja descansar en paz. Y lo sé, porque me consta. Yo soy uno de ellos.[62]

"Eran las 9 de la noche. Al poquito rato, cuando todo empezaba a ser confuso al extremo, se cortó la luz y vino la desesperación. Alguien me gritó: ¡Nena! ¡A la ventana! Yo inmediatamente cerré la boca porque el humo era caliente y me quemaba. Sin saber cómo, me subí a un escritorio con alguien más y empezamos a golpear hasta romper el vidrio, no era una ventana sino un vidrio fijo. No recuerdo quién, ni de qué manera se rompió, solo tengo el recuerdo siguiente de estar colgada con las dos manos del borde de la ventana. En un momento, sin poder aguantar más, solté las manos y me dejé caer. Adentro seguían gritos y ruidos que no identificaba. Con Gonzalo miramos para arriba y vimos que la ventana de la que habíamos caído, era una sola llamarada" (testimonio de Celia, pasante de periodismo en 1972).

62- "El fantasma de la duda", radioteatro de la autora sobre el incendio en Maipú 555, emitido en 2012 dentro del ciclo "Secretos Argentinos", Radio Nacional AM 870.

"Con nosotros estaba Mario Bacigalupo, que ya nos había comentado que le tenía pánico al fuego: había salido la conversación unos días antes porque en Japón o en Corea había habido un gran incendio donde la gente se tiraba por las ventanas[63], y él había quedado muy impresionado con esto. Así que Mario saltó por la ventana que daba a un patio interno, y quedó muerto en el suelo, tres pisos más abajo. Cuando se tira, su cuerpo cayendo provoca como una chimenea por donde sube el fuego, y empeora toda la situación. Para esto ya se había cortado la electricidad, no se veía nada, entre la oscuridad y el humo. El Locutor Arenas era asmático. Y el humo te quemaba los pulmones. José María Gangitano y Andrada saltaron a una columna. El fuego los iluminaba" (testimonio de Gonzalo San Honorio, cronista, 24 años en 1972).

El 21 de enero de 1972, el fuego tomó los canastos en los que se preparaba la mudanza de Radio Excelsior, ubicados frente al estudio "A". Las llamas se propagaron por la escalera que llevaba al tercer piso y allí quedó atrapado en la oficina del servicio informativo de Antártida el locutor Roberto Arenas, que murió asfixiado. Lo encontraron el día siguiente, debajo de un mueble metálico, cuando removieron los escombros; hasta entonces, la creencia general era que se había retirado a su hogar por sus propios medios. Mario Bacigalupo, Jefe de Turno del Noticiero (quien aparece como Juan Carlos Bacigalupo en algunas crónicas de la época) saltó desde una ventana pero cayó al vacío, perdiendo la vida. También resultaron afectados los locutores Claudio Andrada, quien sufrió quemaduras por las que casi pierde un brazo y Jorge Gangitano. Gonzalo San Honorio, de 24 años y Celia Verlini resultaron también con graves quemaduras y cortes debido a los vidrios.

63- Hotel Taeyokate de Seúl, Corea del Sur, 25 diciembre 1971.

Es probable que quienes tramaron el atentado hayan buscado incendiar instalaciones, sin riesgos para la vida humana. Fue pensado para detonar un viernes por la noche, en enero, cuando muchos trabajadores estaban de vacaciones, y los que no, ya se habían retirado a sus casas. El fuego comenzó en los canastos colocados a la entrada del Estudio Mayor, un área que estaba completamente desierta a causa del desmantelamiento de los elencos estables. Pero un error de cálculo hizo que seguramente olvidaran a ese escaso grupo de periodistas y locutores que todavía se hallaban arriba, en el tercer piso, un sector ocupado por Radio Antártida que los trabajadores llamaban "el palomar". Las llamas se alzaron por la escalera, única vía de escape desde las oficinas superiores (luego ocupadas por la RAE, Radiodifusión Argentina al Exterior).

En un primer momento, el Cuartel de Bomberos informó que el fuego distaba mucho de ser asociado a una colilla mal apagada (las bombas de fósforo blanco provocan un humo espeso y largan partículas incandescentes que producen profundas quemaduras. El fósforo quema aunque la piel no esté en contacto directo con el fuego. Las llamas son muy altas y no dan tiempo a nada) pero por órdenes superiores no pudieron repetir a la prensa esa información en los días subsiguientes.

El agua necesaria para apagar el fuego acabó la tarea de destrucción al caer sobre los equipos técnicos. *Todos los involucrados afectivamente con la emisora, como Ricardo Malfitani (directivo de la radio) y Rina Morán, tenían lágrimas en los ojos. En un piso todo inundado, al fondo del pasillo podía verse la silueta de Antonio Carrizo con un secador tratando de quitar el agua del camino* (testimonio de José Crudo, quien trabajaba en el subsuelo, en Mantenimiento).

Según el diario La Nación, del 23 de enero de 1972, "todas las puertas y ventanas estaban cerradas porque el edificio desde su inauguración poseía aire acondicionado. Nadie notó el incendio, hasta que el locutor de Radio El Mundo pidió auxilio al aire, por micrófono".

Esa noche, la transmisión de El Mundo se hizo desde los estudios de Radio Nacional, en Ayacucho 1556. Casi como una ironía, el primer programa que saldría al aire fue "La noche de los que están en el humo con 43/70", patrocinado por esa conocida marca de cigarrillos.

Los heridos fueron trasladados y derivados para los primeros auxilios a los Hospitales Rawson y Argerich. Casi todos los sobrevivientes llevaron y llevan huellas de aquel infierno en su cuerpo.

Celia, la joven que estaba haciendo la pasantía, tuvo muchísimas intervenciones de reconstrucción de su rostro; sus terribles quemaduras no provenían del fuego en sí, sino que delataban los efectos del humo causado por hidrocarburos. Su mano derecha resultó inmovilizada debido a la cantidad de cortes de vidrio. Su recuperación tardó más de un año y medio.

La nómina final de víctimas del incendio ocurrido en el edificio que hoy ocupa Radio Nacional fue:

- Mario Bacigalupo, fallecido tras caer al vacío, presentaba fractura de la columna vertebral y de la base del cráneo. Ese viernes comenzaba sus vacaciones.

- Roberto Arenas, locutor, muerte por asfixia dentro de la misma oficina del Servicio Informativo. Casado, un hijo.
- María Celia Verlini, 20 años.Traumatismos, quemaduras y heridas cortantes.
- Gonzalo San Honorio, 24 años, traumatismos y quemaduras.
- Claudio Andrada, 38 años, periodista, contusiones y quemaduras.
- Alberto Nicolau, 36 años, politraumatismos varios y fractura de ambos tobillos.
- José María Gangitano, 36 años, locutor, quemaduras en brazos y rostro.
- Hugo Barraza, vecino de 14 años, heridas cortantes en ambas manos.

Por último, los bomberos Antonio Adamo y Miguel Moya, con principio de asfixia y quemaduras diversas, derivados al Hospital Churruca.

El comunicado oficial afirmó que se había tratado de un ataque terrorista, pero ningún grupo se adjudicó el hecho. Más tarde se insinuó que había sido un auto-atentado de los militares. El entonces director de Radio Antártida, Vicente Chumilla, efectuó en el Argerich nerviosas declaraciones a la prensa: "Esto es culpa de la política seguida por Federico Frischknecht en 1968 cuando hacinó en un mismo edificio a cinco radios".

Las emisoras reanudaron sus transmisiones: Mitre desde Arenales, Antártida desde LRA Radio Nacional; Splendid y Excelsior más El Mundo, desde sus plantas transmisoras en el Gran Buenos Aires.

XXII

EL ÉTER NO TERMINA
EN LA AVENIDA GRAL. PAZ
(PARA UNA BIBLIOGRAFÍA FEDERAL)

"El radioteatro es el libro que a lo mejor no leés nunca en tu vida. Es la película o la función de teatro de las que no podés adquirir la entrada. Y llega de extremo a extremo del país, a lo ancho y a lo largo, a todas partes."

Alberto Migré

Más allá de los radioteatros capitalinos, que llegaban a cada una de nuestras provincias, en todo el país los elencos y las emisoras regionales tuvieron una importancia digna de destacarse, aunque la cobertura de las compañías locales requeriría de una labor investigativa que excede las posibilidades de este volumen, centrado en los desarrollos radiofónicos de las principales emisoras porteñas de llegada nacional.

Imposible no remitirse a trabajos más profundos encarados anterior o paralelamente a este volumen, circunscriptos a provincias o territorios específicos, labor que nos entusiasma y nos completa, concientes de que no poder abarcar en espacio y profundidad el quehacer radioteatral de tantos pueblos y ciudades a través de las décadas.

En estas obras acotadas a una geografía pródiga en quehaceres radiofónicos, seguramente quedarán grabados los testimonios expresados, la evidencia del esfuerzo y la energía de los actores y actrices locales, y el profundo amor por el género que aún persiste despierto en las provincias.

Todavía hay mucho por exhumar, todavía queda material humano y gráfico, programas, afiches, fotografías, recuerdos y herederos de una cultura dramática y radial valiosísima, que no podemos darnos el lujo de abandonar a su suerte, que no debemos permitir se diluya en el olvido.

En las últimas décadas investigadores amantes del género han hecho un relevamiento por regiones, lo que permite indagar y mostrar a los hacedores del radioteatro regionales, sus elencos, sus autores, sus directores, abrevando en archivos personales y hemerográficos, rescatando el material privado que todavía hoy se conserva en los hogares de sus descendientes. Allí podremos encontrar un detalle pormenorizado por provincias. Excelentes trabajos todos que nos permiten ahondar en los años gloriosos del radioteatro en nuestra Patagonia, en Mendoza, en Entre Ríos, en San Luis y en la zona del chaco formoseño. Ellos son:

El Radioteatro (Jorge Edelman). Gotlip, Alelí. Rosario, Beatriz Viterbo Editora, junio 2001.

El radioteatro en Entre Ríos, testimonios de una pasión popular. Bourlot, Rubén. Ediciones Del Clé, 2007

¡Ya llega el León de Francia! Chispazos radioteatrales del nordeste argentino. Marta Kaplan. Kram Impresiones, 2013.

La radio en Mendoza, de la galena a los auditorios, Leonardo Oliva. Facultad de Cs. Políticas y Sociales, UNCuyo, 2017.

La historia del género les agradece su trabajo paciente y apasionado —y seguramente, a pulmón las más de las veces— , y aplaude ése, su afán arqueológico que desentraña nombres, obras, rostros, personajes, volviendo visible lo que se hallaba anónimo y recuperando nuestra identidad y nuestra memoria para los que ya partieron, para los que hoy estamos y para las generaciones futuras.

EPÍLOGO

El radioteatro había nacido y crecido en esa Argentina desvalida de los años treinta, en un Buenos Aires hambreado, con sus conventillos y sus generaciones de extranjeros y de criollos a los que la realidad, que les vedaba el pan y el trabajo, les alejaba con más razón los libros y las letras.

De pronto, aquellas mentes rudas que hasta habían perdido buena parte de la riqueza de las tradiciones de sus lugares de origen –tanto de Europa como del interior del país- eran tocadas por la varita mágica de la fantasía.

No importaban entonces la fábrica agotadora, los dolores de espalda junto a la máquina de coser, la tos recurrente, el frío de ese agosto: cada día, a esa hora precisa, uno podía reunirse con los suyos y compartir un mundo inexistente pero paradójicamente, cada vez más real. Palacios, reinas, espadachines, personajes de la jungla y del mar, detectives y heroicas doncellas desplazaban a los pensamientos rutinarios y cansinos. El lenguaje chapurreado y limitado de los barrios súbitamente se volvía más dulce, más amplio, más agradable al oído si imitaba las voces de los enamorados de la radio, de sus valientes protagonistas. Nuestra historia y la historia universal llegaban ahora a todos los rincones, los corazones se abrían pero las mentes se abrían aún más, porque día a día y noche a noche, la radio destilaba sobre ellas la gota incesante de la ilusión.

Escuela. Atrio. Confesionario. Cinematógrafo interior. Puente hacia los otros mundos.

Por encima del espacio y del tiempo, la radio rompió códigos, ensanchó límites, acercó el arte y la literatura hasta el umbral de aquellos que no sabían leer, que no podían viajar, que no conocían su derecho a soñar. Como un hada madrina, entró en puntas de pie y dejó sus dones en el alma de la gente.

Allí quedarán, guardados en ese cofrecito a galena o a transistores, sobre la mesa de luz, en un estante de la cocina, junto a la máquina de la fábrica. Para siempre.

"No sabía cómo vencer los efectos de la fatiga, muchos me dieron consejos para combatir el cansancio producido por un vuelo largo. El mejor de todos fue llevar al avión cintas de radionovelas, El avispón verde y La sombra, y así, escuchándolas, logré mantener la mente ocupada y lúcida".

Dick Rutan (piloto del Voyager, primera aeronave en volar alrededor del mundo sin escalas, 1986)

ENTREVISTAS Y TESTIMONIOS

HACEDORES DE RADIO:

VÍCTOR AGÚ
EDUARDO ALIVERTI
ARMANDO BARBEITO
MARÍA CONCEPCIÓN CÉSAR
LEONARDO COIRE
EMILIO COMTE
PLÁCIDO DONATO
EDGARDO FITIPALDI
IVONNE FOURNERY
GUIDO GORGATI
MIGUEL JORDÁN
ALDO KAISER
MABEL LOISI
INÉS MARISCAL
QUIQUE PESOA
LUCÍA RACIOPPI
SUSANA SISTO
RUBÉN STELLA
RUDIEL WILDE
MARCOS ZULIÁN

OYENTES:

ALDO AMAYA
MARÍA MERCEDES ANDRADE
AÍDA CAVALCANTE
NÉLIDA FERNÁNDEZ
CARLOS FRESI
ELINA FRESI
JUAN PEDRO FRESI
EMILSE GENOVESE
BRENILDA JONES
DELIA PATANÉ
MARÍA ELENA SERI

A todos ellos muchísimas gracias por compartir
sus recuerdos y vivencias.

BIBLIOGRAFIA

-ALES, Armando. *La radio en sus comienzos.* Buenos Aires, Tiempo Sur, 2006.
-ATORRESI, Ana. Prólogo y selección. *Los géneros radiofónicos: antología,* ediciones Colihue, Bs.As. 1995
-BASTARDI, Francisco. *Yo también con mis memorias.* Buenos Aires, Ed. Ancora, 1963.
-BERRADE, Martín. *El Mundo, la radio...Buenos Aires*, Corregidor, 2009.
-BOURLOT, Rubén. *El radioteatro en Entre Ríos.* Editorial Clé. Entre Ríos, 2007.
-BOYADJIAN, Carlos-MARTÍNEZ, Jorge. *Sintonía, revista pionera en el periodismo de espectáculos, en Historia de Revistas Argentinas,* Tomo 1, Buenos Aires, Asociación Argentina de Editores de Revistas, 1995.
-BRAVO, Enrique. *Señoras y Señores...la radio está en el aire.* CER Ediciones. 1998.
-CARRERA, Héctor Iñigo. *La mujer argentina.* Centro Ed. de América Latina en La Historia Popular Nro.91, Bs.As. 1972
-CARRETERO, Andrés. V*ida cotidiana en Buenos Aires,* Tomo 3: 1918-1970. Buenos Aires, Planeta, marzo 2001.
-CAWELTI, John G. *The Study of Literary Formulas. Adventure, Mystery and Romance. Formula Stories as Art and Popular Culture.* The University of Chicago Press, 1976.
-CUZZANI, DRAGÚN, GAMBARO, GOROSTIZA, ROVNER. *Antología Teatro Breve contemporáneo argentino, anexo El radioteatro por dentro,* Buenos Aires, Colihue, octubre 2000
-DEVOTO, Juan Bautista. *Orfilia Rico en Quién fue quién en el teatro nacional.* Secretaría de Estado de Cultura y Educación, Bs.As., Ediciones Culturales Argentinas, 1969.
-DI BENEDETTO, María Mercedes. *El radioteatro nacional, historia y testimonios.* Tiempo Sur, 2008
-DI BENEDETTO, María Mercedes. *El radioteatro nacional, la Cenicienta del éter,* Cuaderno 1, Artes Escénicas, 2011

-DI BENEDETTO, María Mercedes. *Prólogo a Chispazos de Tradición,* de J. Andrés González Pulido, Clásicos Argentores, 1ª. ed., Buenos Aires, 2011.

-DI BENEDETTO, María Mercedes. *En busca del autor de radio, inédito.*

-DI BENEDETTO, María Mercedes. *Prólogo a Felipe*, de Miguel Coronatto Paz, Clásicos Argentores, 1ª ed., Buenos Aires, 2018

-DIDO, Juan Carlos. *Radioteatro y cultura popular.* Maipue. 2014.

-ECO, Umberto. *Apocalípticos e integrados.* Ed. Tusquets, 1995.

-FORD, Aníbal - RIVERA, Jorge – ROMANO, Eduardo. *Medios de Comunicación y Cultura Popular*, Ed. LEGASA, Buenos Aires, 1985.

-GALLO, Ricardo. *La radio: ese mundo tan sonoro.* Tomo II. Los años 30. Bs.Aires, Corregidor, 2001.

-GARCÍA VELLOSO, *Enrique y otros.* La novela Semanal 1917-1926 Direc. Margarita Pierini. Ed. Univ. Nac. de Quilmes, Página 12, Bs.As. sept. 1999.

-GENTE TESTIGO DEL SIGLO, Nro. 15. *La radio: un amor en el aire,* Buenos Aires, 2000.

-GOLDAR, Ernesto. Buenos Aires, *Vida cotidiana en la década del 50*, 2da. ed., Bs.Aires, Plus Ultra, 1992.

-GRAU, Luis María. *Los Pérez García y yo.* Bs.As., Ciordia y Rodríguez Editores, 1952.

-GRAU, Luis María. *Los Pérez García.* Bs.As. en Clasicos de Argentores Vol.2, Fundación Autores, Bs.As. 2006

-GUBERN, Román. *Mensajes icónicos en la cultura de masas*, Lumen, 2da ed. Barcelona, 1988.

-GUEÑOL, Zelmar. *Evocación del radioteatro en Ensayos Argentinos, La historia Popular Nro. 68*, Bs.As. , Centro Editor de América Latina, 1972.

-HAYE, Ricardo M. *Hacia una nueva radio*, 1era ed., Buenos Aires, Paidós, 1995.

-HAUSER, Arnold. *Bajo el signo del cine* en: Historia Social de la Literatura y del Arte, Tomo III, Guadarrama, España, 1980.

-HORVATH, Ricardo. *¿Qué hacer con la radio?* Bs.As. Ediciones Letra Buena, 1994.

-KAPLÚN, Mario. *Producción de programas de radio*, Ed. CIESPAL, Quito, 1976.

-KOGAN, Gabriela. *Surtido*, publicidades gráficas argentinas del siglo XX. ed. Del Nuevo Extremo, 2004, Bs.As.

-KRIGER, Clara. Directora. *Páginas de cine*. Archivo Gral. de la Nación, Bs.As. 2003.

-LAFITTE-HOUSSAT, Jacques. *Trovadores y cortes de amor,* Eudeba, Bs.As. 1966.

-LOISI, Mabel. Prólogo a *El amor está de novio,* de Nené Cascallar. Clasicos de Argentores Vol.1, BsAs, Fund. Autores, 2005

- MATALLANA, Andrea. *Locos por la radio*, Prometeo Libros, 2006.

-MAZZIOTTI, Nora. *La industria de la Telenovela.* Bs. As, Paidós, 1996.

-MAZZIOTTI, Nora. *Soy como de la familia: conversaciones con Alberto Migré*, Buenos Aires, Ed.Sudamericana, 1993.

-MAZZIOTTI, Nora. *Traducción y resumen de: NEALE*, Stephen. Genres. London, 1987, 3era.ed.

-NIELSEN, Jorge. *La magia de la televisión argentina 1951-1960.* Bs.As., Ediciones del Jilguero, 2004.

-ORDAZ, Luis. *El teatro y la radio en Las Dos Carátulas.* Luis Ordaz. Editores de América Latina, Bs.As. 1998

-PAVIS, Patrice. *Diccionario del teatro*, Buenos Aires, Paidós, 1998.

-PÉREZ, Irene. *Selección y notas* Teatro breve contemporáneo argentino, III, Antología, ediciones Colihue, Bs.As. 2000.

-PICCININI DE DE LA CÁRCOVA, Laura. *El micrófono y yo,* Méndez editor, Bs.As. 1938.

-ROCCHI, Fernando. *Inventando la soberanía del consumidor* 1860-1940 en Historia de la Vida Privada en la argentina, tomo 2, Ed. Taurus, Bs.As. 1999.

-SCHETTINI, Adriana. *Pasen y vean.* Bs.As., Sudamericana, 1995.

-SEIBEL, Beatriz. *El teatro "bárbaro" del interior*, Teatro Popular Tomo I, Buenos As., Ediciones de la Pluma, 1985.

-SEIBEL, Beatriz. *Los artistas trashumantes*, Teatro Popular Tomo II, Buenos Aires, Ediciones de la Pluma, 1985.

-SEIBEL, Beatriz. *Historia del Teatro Argentino, desde los rituales hasta 1930.* Bs. Aires, Corregidor, 2002.

-SEIBEL, Beatriz. *Historia del Teatro Argentino, 1930-1956: crisis y cambios.* Bs. As, Corregidor, 2010.

-SIMARI, Tomás. *Mi historia la escribo yo*, edición del autor, Bs.As. 1956.
-SOSA DE NEWTON, Lily. *Diccionario Biográfico de Mujeres Argentinas,* Bs.As., Plus Ultra, 1986
-TAPHANEL, Víctor. *Vuelta atrás en Crónicas Argentinas*, La historia popular, Nro. 66, Centro Editor de América latina, Bs.As., 1972.
-TOLEDO, Daniel, compilador. *Territorios de la radio: sus historias y memorias*, San Luis, Nueva Editorial Universitaria , 2018.
-ULANOVSKY, Carlos. *Días de Radio,* Buenos Aires, Espasa Calpe, 1996.
-ULANOVSKY, Carlos. *En algún punto de su dial* en Historia Visual de la Argentina Contemporánea Nro. 19.
-WOLF, Ema - SACCOMANO, Guillermo. *El Folletín*. Centro Ed. de América Latina, La historia popular Nro.88, Bs.As. 1972
-ZIGIOTTO, Diego. *Las mil y una curiosidades de Buenos Aires.* Bs.As., Grupo Editorial Norma, 2008.

FUENTES HEMEROGRÁFICAS
DIARIOS Y PERIÓDICOS

-Clarín, columna *Esto Pasó*, octubre 7, 2001. A 11 años del fallecimiento de Miguel Coronatto Paz.
-Clarín Suplemento Cultura y Nación*, Esplendor y agonía del circo criollo,* jueves 25 nov. 1976
-Clarín, Suplemento Cultura y Nación, *Evita, la imagen en escena*, 13 febrero 1997.
-Clarín, Suplemento Espectáculos, *Evita y la radio*, 29 julio 1993.
-La Nación Espectáculos, *Recuerdos de dos glorias del radioteatro*, por Alicia Petti, 16 de noviembre de 2003
-*El gran romance de Alberto Migré*, La Nación, por Alicia Petti, 21/9/2003
-La Prensa, 5 de sept. 1943.
-La Nación, 23 de abril 1997. *El radioteatro vuelve a escena en el dial*, Susana Freire/ *Época de lágrimas junto al dial*, Elisa Caviglione.
-Periódico El Yunque (Berazategui) editorial del 18 de julio1997.

-Historia de la Argentina, Diario Crónica, Hyspanoamérica, Ed. Sarmiento. Bs.As. 1992. *Evita y su presencia 1943-49.*

REVISTAS, BOLETINES Y FASCÍCULOS

-Boletín LRA Radio del Estado, octubre 1953.
-Boletín LRA Radio del Estado, diciembre 1953.
-Boletín LRA Radio del Estado, octubre 1954.
-Nuestra Onda, boletín semanal de LR1 radio El Mundo, nov. 10 de 1941.
-Nuestra Onda, boletín semanal de LR1 radio El Mundo, marzo 16 de 1942
-Caras y caretas, 7 agosto de 1937, Nro. 2027, año XL.
-Arriando Ricuerdos, Cortesía de Jabón El gaucho, Selección de capítulos. Sin Fecha.
-Chispazos de Tradición, Nros. 3, 5 y 7, Briozzo.Hnos.Editores. Sin fecha de ed.
-Suspiros, 1958, Bs.As.
-Billiken, 27 dic. 1954
-Radiofilm, Nro.10, año I, 1950.
-Radiofilm, 11 oct. 1950, año VI
-Radiofilm, dic. 19 1951 año VII
-Mundo Argentino, 7 de mayo 1958
-Radiolandia, enero 27 de 1967
-Radiolandia, mayo 19 1951
-Radiolandia, 17 de junio 1960
-Radiolandia, 8 de dic. 1967
-Radiolandia, 27 enero 1967
-Leoplán, Magazine Cultural Argentino, 2 de abril 1947, Sopena.
-PBT todo el año 1955
-Caras y Caretas, Nro. 2352, Días de Radio (y de Teatro) abril 2019, Di Benedetto, María Mercedes.
-Caras y Caretas, Nro. Nº 2368, Un mundo de sensaciones, agosto 2020, Di Benedetto, María Mercedes.

-Todo es Historia, nro. 472, nov. 2006 Memorias de una cincuentona, Lilian Lozano.
-Todo es Historia nro. 155, Bs.As., abril 1980. Del Monte, Juan. *Chispazos de Tradición: una emoción radiofónica- Todo es Historia, nro. 464,* marzo 2006. La Radio en la Argentina. Andrea Matallana.
-Historias de la Ciudad, 9 de mayo 2001, *Por el éter en la década del 30,* Edgardo Rocca.
-La Crujía, agosto 2006, Ricardo Haye.
-Horas de Radio, Nro. 1, año I, enero 2001.
-Revista de Argentores, nro. 1, otoño 1969
-El Arca, nro. 36, año VII. Dic. 1998. Bs. Aires. Obarrio, Daniel. La radiofonía: imágenes que llegan por el oído.
-Crisis, Nro. 70., mayo 1989. Una retórica del exceso.
-Transformaciones, Bs.As., CEAL, 1985. El Radioteatro.
-Transformaciones Nro. 55. Teleteatro, Radioteatro y Fotonovela, El género rosa. Daniel Samoilovich, Centro Editor de América, Bs.As. 1972.
-Vasto Mundo, nro. 16, publicación cuatrim.de la Secretaría de Cultura y de la dirección de Comunicación Social, Trasnoches de Radio 30 años, Esvén Segovia, dic. 1998
-R&TA Nro. 85-Seibel, Beatriz. La vida de nuestro pueblo, fasc.39, Los cómicos ambulantes, Centro Ed. de América Latina, 1982.
-LA RADIO, un amor en el aire. Gente Testigo del Siglo Nro. 15, SFDE, circa 2000.
-RADIO RIVADAVIA, 40 años. 1958-1998. Ed. DgyA, 1998.
-FLORENCIO, revista de ARGENTORES, Año 12 N° 51 – Junio 2018. La mujer en los comienzos de la Radiofonía nacional, María Mercedes DI Benedetto.

FUENTES ELECTRÓNICAS

-https://argentores.org.ar/radioteatro-del-aire-al-corazon/ María Mercedes Di Benedetto. Julio 2020.
-www.argentores.org.ar. El Radioteatro argentino, dossier, Manuel Maccarini.

-www. sepiensa.org.mx
-www. periodismoparachicos.tk
-www.sincortes.com
-www.todotango.com
-www.analitica.com
-www.monografia.com Los muchachos de antes no planchaban camisas / Laura Arruzo, Gola, Daiana, Gorayeb Paula.
-www.pormaslectura.com.ar
-www.ciudad.com.ar
-www.dialogica.com.ar
-www.deradios.com
-www.comminit.com Radioteatro y cultura popular: placer y mercado en los medios de comunicación, Luis Sandoval
-www.radioelmundo.com.ar
-www.aquimontserrat.com.ar, Héctor Pedro Blomberg.
-www.monografias.com , Historia de la radio en la argentina, Martín Fernández, Ana María Passano, San Martín de los Andes, Neuquén.
-www.fotogramas.com , Jorge Nielsen.
-www.elliberal.com.ar, Santiago del Estero.
-http://news.bbc.co.uk , El derecho de llorar, BBC MUNDO.com.
- www.elortiba.org , La radio que yo viví, memorias de Roberto Di Chiara.

MATERIAL AUDIOVISUAL

-TV REGIONAL, conducido por Rosana Errasti, Informe Especial "Historia de la Radio en la Provincia de San Juan", Eduardo Astorga, CANAL 7, 2001.
-ISER TV, corto sobre el radioteatro realizado por alumnos del Centro de Estudios Cinematográficos. CANAL 7, Septiembre de 2003.
-DOBLE CLICK, programa creado y conducido por Quique Pesoa, CANAL 7, año 2000, emisión dedicada a la radio.
-RADIONAUTAS, conducido por Patricio Barton, CANAL á. Emisión conteniendo reportaje a Alberto Migré y su elenco de radioteatro desde los estudios de radio Belgrano, 2005.

Elenco radioteatral Damas y Corazones,
que debutó en LR8 Radio París. Foto Revista Sintonía
(archivo de la autora) Circa 1935.